# 数据要素化

## 可控可计量与流通交易 100问

清华大学金融科技研究院◎编著

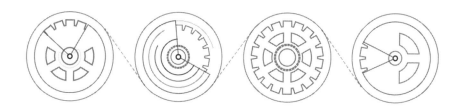

人民日报出版社

北京

**图书在版编目（CIP）数据**

数据要素化100问：可控可计量与流通交易 / 清华大学金融科技研究院编著. — 北京：人民日报出版社，2022.12

ISBN 978-7-5115-7583-8

Ⅰ. ①数… Ⅱ. ①清… Ⅲ. ①信息经济－研究 Ⅳ. ①F49

中国版本图书馆CIP数据核字（2022）第222639号

---

书　　名：**数据要素化100问：可控可计量与流通交易**
　　　　　SHUJU YAOSUHUA 100 WEN: KEKONG KEJILIANG YU LIUTONG JIAOYI
编　　著：清华大学金融科技研究院

---

出 版 人：刘华新
责任编辑：蒋菊平　徐　澜
版式设计：九章文化

---

出版发行：**人民日报**出版社
社　　址：北京金台西路2号
邮政编码：100733
发行热线：（010）65369527　65369846　65369509　65369510
邮购热线：（010）65369530　65363527
编辑热线：（010）65369528
网　　址：www.peopledailypress.com
经　　销：新华书店
印　　刷：大厂回族自治县彩虹印刷有限公司
法律顾问：北京科宇律师事务所　010-83622312

---

开　　本：710mm×1000mm　1/16
字　　数：199千字
印　　张：20.5
版次印次：2023年2月第1版　　2023年2月第1次印刷

---

书　　号：ISBN 978-7-5115-7583-8
定　　价：56.00元

# 编写委员会

## 学术总顾问

姚期智  中国科学院院士、图灵奖得主
清华大学交叉信息研究院院长
清华大学金融科技研究院管委会主任

## 学术指导

廖　理  清华大学五道口金融学院金融学讲席教授、博士生导师
清华大学金融科技研究院院长

高富平  华东政法大学法律学院教授
华东政法大学数据法律研究中心主任

徐　葳  清华大学交叉信息研究院长聘副教授
清华大学金融科技研究院副院长

薛正华  清华大学金融科技研究院副院长

## 编写专家

王正位  清华大学五道口金融学院党委副书记、副院长、副教授
清华大学金融科技研究院智慧金融研究中心主任

张伟强  清华大学五道口金融学院副研究员
清华大学金融科技研究院阳光互联网金融创新研究中心主任

贺裴菲　清华大学金融科技研究院院长助理

刘　健　清华大学金融科技研究院院长助理

于　洋　清华大学交叉信息研究院助理教授

张旭东　华控清交信息科技（北京）有限公司董事长

杨祖艳　华控清交信息科技（北京）有限公司副总裁

李　艺　华控清交信息科技（北京）有限公司首席密码架构师、副总裁

## 其他编写人员

刘颖格　清华大学金融科技研究院研究专员

郭奕君　清华大学金融科技研究院研究专员

韩　瀚　清华大学金融科技研究院研究专员

柴文静　清华大学金融科技研究院研究专员

杨雪凝　清华大学金融科技研究院研究专员

凡　航　清华大学五道口金融学院博士后

何昊青　清华大学五道口金融学院博士后

隗　樊　华控清交信息科技（北京）有限公司研究员

时　代　华控清交信息科技（北京）有限公司研究员

张嘉熙　华控清交信息科技（北京）有限公司高级研究员

王云河　华控清交信息科技（北京）有限公司标准化负责人

靳　晨　华控清交信息科技（北京）有限公司标准化专家

# 中共中央国务院关于构建数据基础制度
# 更好发挥数据要素作用的意见

## （2022 年 12 月 2 日）

数据作为新型生产要素，是数字化、网络化、智能化的基础，已快速融入生产、分配、流通、消费和社会服务管理等各环节，深刻改变着生产方式、生活方式和社会治理方式。数据基础制度建设事关国家发展和安全大局。为加快构建数据基础制度，充分发挥我国海量数据规模和丰富应用场景优势，激活数据要素潜能，做强做优做大数字经济，增强经济发展新动能，构筑国家竞争新优势，现提出如下意见。

## 一、总体要求

（一）指导思想。以习近平新时代中国特色社会主义思想为指导，深入贯彻党的二十大精神，完整、准确、全面贯彻新发展理念，加快构建新发展格局，坚持改革创新、系统谋划，以维护国家数据安全、保护个人信息和商业秘密为前提，以促进数据合规高效流通使用、赋能实体经济为主线，以数据产权、流通交易、收益分配、安全治理为重点，深入参与国际高标准数字规则制定，构建适应数据特征、符合数字经济发展规律、保障国家数据安全、彰显创新引领的数据基础制度，充分实现数据要素价值、促进全体人民共享数字经济发展红利，为深化创新驱动、推动高质量发展、推进国家治理体系和治理能力现代化提供有力支撑。

（二）工作原则

——遵循发展规律，创新制度安排。充分认识和把握数据产权、流通、交易、使用、分配、治理、安全等基本规律，探索有利于数据安全保护、有效利用、合规流通的产权制度和市场体系，完善数据要素市场体制机制，在实践中完善，在探索中发展，促进形成与数字生产力相适应的新型生产关系。

——坚持共享共用，释放价值红利。合理降低市场主体获取数据的门槛，增强数据要素共享性、普惠性，激励创新创业创造，强化反垄断和反不正当竞争，形成依法规范、共同参与、各取所需、共享红利的发展模式。

——强化优质供给，促进合规流通。顺应经济社会数字化转型发展趋势，推动数据要素供给调整优化，提高数据要素供给数量和质量。建立数据可信流通体系，增强数据的可用、可信、可流通、可追溯水平。实现数据流通全过程动态管理，在合规流通使用中激活数据价值。

——完善治理体系，保障安全发展。统筹发展和安全，贯彻总体国家安全观，强化数据安全保障体系建设，把安全贯穿数据供给、流通、使用全过程，划定监管底线和红线。加强数据分类分级管理，把该管的管住、该放的放开，积极有效防范和化解各种数据风险，形成政府监管与市场自律、法治与行业自治协同、国内与国际统筹的数据要素治理结构。

——深化开放合作，实现互利共赢。积极参与数据跨境流动国际规则制定，探索加入区域性国际数据跨境流动制度安排。推动数据跨境流动双边多边协商，推进建立互利互惠的规则等制度安排。鼓励探索数据跨境流动与合作的新途径新模式。

## 二、建立保障权益、合规使用的数据产权制度

探索建立数据产权制度，推动数据产权结构性分置和有序流通，结合数据要素特性强化高质量数据要素供给；在国家数据分类分级保护制度下，推进数据分类分级确权授权使

用和市场化流通交易，健全数据要素权益保护制度，逐步形成具有中国特色的数据产权制度体系。

（三）探索数据产权结构性分置制度。建立公共数据、企业数据、个人数据的分类分级确权授权制度。根据数据来源和数据生成特征，分别界定数据生产、流通、使用过程中各参与方享有的合法权利，建立数据资源持有权、数据加工使用权、数据产品经营权等分置的产权运行机制，推进非公共数据按市场化方式"共同使用、共享收益"的新模式，为激活数据要素价值创造和价值实现提供基础性制度保障。研究数据产权登记新方式。在保障安全前提下，推动数据处理者依法依规对原始数据进行开发利用，支持数据处理者依法依规行使数据应用相关权利，促进数据使用价值复用与充分利用，促进数据使用权交换和市场化流通。审慎对待原始数据的流转交易行为。

（四）推进实施公共数据确权授权机制。对各级党政机关、企事业单位依法履职或提供公共服务过程中产生的公共数据，加强汇聚共享和开放开发，强化统筹授权使用和管理，推进互联互通，打破"数据孤岛"。鼓励公共数据在保护个人隐私和确保公共安全的前提下，按照"原始数据不出域、数据可用不可见"的要求，以模型、核验等产品和服务等形式向社会提供，对不承载个人信息和不影响公共安全的公共数据，推动按用途加大供给使用范围。推动用于公共治理、公益事业的公共数据有条件无偿使用，探索用于产业发展、行业发展的公共数据有条件有偿使用。依法依规予以保密的公共数据不予开放，严格管控未依法依规公开的原始公共数据直接进入市场，保障公共数据供给使用的公共利益。

（五）推动建立企业数据确权授权机制。对各类市场主体在生产经营活动中采集加工的不涉及个人信息和公共利益的数据，市场主体享有依法依规持有、使用、获取收益的权益，保障其投入的劳动和其他要素贡献获得合理回报，加强数据要素供给激励。鼓励探索企业数据授权使用新模式，发挥国有企业带头作用，引导行业龙头企业、互联网平台企业发挥带动作用，促进与中小微企业双向公平授权，共同合理使用数据，赋能中小微企业数字化转型。支持第三方机构、中介服务组织加强数据采集和质量评估标准制定，推动数据产品标准化，发展数据分析、数据服务等产业。政府部门履职可依法依规获取相关企业和机构数据，但须约定并严格遵守使用限制要求。

（六）建立健全个人信息数据确权授权机制。对承载个人信息的数据，推动数据处理者按照个人授权范围依法依规采集、持有、托管和使用数据，规范对个人信息的处理活动，不得采取"一揽子授权"、强制同意等方式过度收集个人信息，促进个人信息合理利用。探索由受托者代表个人利益，监督市场主体对个人信息数据进行采集、加工、使用的机制。对涉及国家安全的特殊个人信息数据，可依法依规授权有关单位使用。加大个人信息保护力度，推动重点行业建立完善长效保护机制，强化企业主体责任，规范企业采集使用个人信息行为。创新技术手段，推动个人信息匿名化处理，保障使用个人信息数据时的信息安全和个人隐私。

（七）建立健全数据要素各参与方合法权益保护制度。充分保护数据来源者合法权益，推动基于知情同意或存在法定事由的数据流通使用模式，保障数据来源者享有获取或复制转移由其促成产生数据的权益。合理保护数据处理者对依法依规持有的数据进行自主管控的权益。在保护公共利益、数据安全、数据来源者合法权益的前提下，承认和保护依照法律规定或合同约定获取的数据加工使用权，尊重数据采集、加工等数据处理者的劳动和其他要素贡献，充分保障数据处理者使用数据和获得收益的权利。保护经加工、分析等形成数据或数据衍生产品的经营权，依法依规规范数据处理者许可他人使用数据或数据衍生产品的权利，促进数据要素流通复用。建立健全基于法律规定或合同约定流转数据相关财产性权益的机制。在数据处理者发生合并、分立、解散、被宣告破产时，推动相关权利和义务依法依规同步转移。

## 三、建立合规高效、场内外结合的数据要素流通和交易制度

完善和规范数据流通规则，构建促进使用和流通、场内场外相结合的交易制度体系，规范引导场外交易，培育壮大场内交易；有序发展数据跨境流通和交易，建立数据来源可确认、使用范围可界定、流通过程可追溯、安全风险可防范的数据可信流通体系。

（八）完善数据全流程合规与监管规则体系。建立数据流通准入标准规则，强化市场主体数据全流程合规治理，确保流通数据来源合法、隐私保护到位、流通和交易规范。结合数据流通范围、影响程度、潜在风险，区分使用场景和用途用量，建立数据分类分级授权使用规范，探索开展数据质量标准化体系建设，加快推进数据采集和接口标准化，促进数据整合互通和互操作。支持数据处理者依法依规在场内和场外采取开放、共享、交换、交易等方式流通数据。鼓励探索数据流通安全保障技术、标准、方案。支持探索多样化、符合数据要素特性的定价模式和价格形成机制，推动用于数字化发展的公共数据按政府指导定价有偿使用，企业与个人信息数据市场自主定价。加强企业数据合规体系建设和监管，严厉打击黑市交易，取缔数据流通非法产业。建立实施

数据安全管理认证制度，引导企业通过认证提升数据安全管理水平。

（九）统筹构建规范高效的数据交易场所。加强数据交易场所体系设计，统筹优化数据交易场所的规划布局，严控交易场所数量。出台数据交易场所管理办法，建立健全数据交易规则，制定全国统一的数据交易、安全等标准体系，降低交易成本。引导多种类型的数据交易场所共同发展，突出国家级数据交易场所合规监管和基础服务功能，强化其公共属性和公益定位，推进数据交易场所与数据商功能分离，鼓励各类数据商进场交易。规范各地区各部门设立的区域性数据交易场所和行业性数据交易平台，构建多层次市场交易体系，推动区域性、行业性数据流通使用。促进区域性数据交易场所和行业性数据交易平台与国家级数据交易场所互联互通。构建集约高效的数据流通基础设施，为场内集中交易和场外分散交易提供低成本、高效率、可信赖的流通环境。

（十）培育数据要素流通和交易服务生态。围绕促进数据要素合规高效、安全有序流通和交易需要，培育一批数据商和第三方专业服务机构。通过数据商，为数据交易双方提供数据产品开发、发布、承销和数据资产的合规化、标准化、增值化服务，促进提高数据交易效率。在智能制造、节能降碳、绿色建造、新能源、智慧城市等重点领域，大力培育贴近业务需求的行业性、产业化数据商，鼓励多种所有制数据商共同发展、平等竞争。有序培育数据集成、数据经纪、合规认证、安全审计、数据公证、数据保险、数据托管、资产评估、争议仲裁、风险评估、人才培训等第三方专业服务机构，提升数据流通和交易全流程服务能力。

（十一）构建数据安全合规有序跨境流通机制。开展数据交互、业务互通、监管互认、服务共享等方面国际交流合作，推进跨境数字贸易基础设施建设，以《全球数据安全倡议》为基础，积极参与数据流动、数据安全、认证评估、数字货币等国际规则和数字技术标准制定。坚持开放发展，推动数据跨境双向有序流动，鼓励国内外企业及组织依法依规开展数据跨境流动业务合作，支持外资依法依规进入开放领域，推动形成公平竞争的国际化市场。针对跨境电商、跨境支付、供应链管理、服务外包等典型应用场景，探索安全规范的数据跨境流动方式。统筹数据开发利用和数据安全保护，探索建立跨境数据分类分级管理机制。对影响或者可能影响国家安全的数据处理、数据跨境传输、外资并购等活动依法依规进行国家安全审查。按照对等原则，对维护国家安全和利益、履行国际义务相关的属于管制物项的数据依法依规实施出口管制，保障数据用于合法用途，防范数据出境安全风险。探索构建多渠道、便利化的数据跨境流动监管机制，健全多部门协调配合的数据跨境流动监管体系。反对数据霸权和数据保护主义，有效应对数据领域"长臂管辖"。

## 四、建立体现效率、促进公平的数据要素收益分配制度

顺应数字产业化、产业数字化发展趋势，充分发挥市场在资源配置中的决定性作用，更好发挥政府作用。完善数据要素市场化配置机制，扩大数据要素市场化配置范围和按价值贡献参与分配渠道。完善数据要素收益的再分配调节机制，让全体人民更好共享数字经济发展成果。

（十二）健全数据要素由市场评价贡献、按贡献决定报酬机制。结合数据要素特征，优化分配结构，构建公平、高效、激励与规范相结合的数据价值分配机制。坚持"两个毫不动摇"，按照"谁投入、谁贡献、谁受益"原则，着重保护数据要素各参与方的投入产出收益，依法依规维护数据资源资产权益，探索个人、企业、公共数据分享价值收益的方式，建立健全更加合理的市场评价机制，促进劳动者贡献和劳动报酬相匹配。推动数据要素收益向数据价值和使用价值的创造者合理倾斜，确保在开发挖掘数据价值各环节的投入有相应回报，强化基于数据价值创造和价值实现的激励导

向。通过分红、提成等多种收益共享方式，平衡兼顾数据内容采集、加工、流通、应用等不同环节相关主体之间的利益分配。

（十三）更好发挥政府在数据要素收益分配中的引导调节作用。逐步建立保障公平的数据要素收益分配体制机制，更加关注公共利益和相对弱势群体。加大政府引导调节力度，探索建立公共数据资源开放收益合理分享机制，允许并鼓励各类企业依法依规依托公共数据提供公益服务。推动大型数据企业积极承担社会责任，强化对弱势群体的保障帮扶，有力有效应对数字化转型过程中的各类风险挑战。不断健全数据要素市场体系和制度规则，防止和依法依规规制资本在数据领域无序扩张形成市场垄断等问题。统筹使用多渠道资金资源，开展数据知识普及和教育培训，提高社会整体数字素养，着力消除不同区域间、人群间数字鸿沟，增进社会公平、保障民生福祉、促进共同富裕。

## 五、建立安全可控、弹性包容的数据要素治理制度

把安全贯穿数据治理全过程，构建政府、企业、社会多方协同的治理模式，创新政府治理方式，明确各方主体责任和义务，完善行业自律机制，规范市场发展秩序，形成有效

市场和有为政府相结合的数据要素治理格局。

（十四）创新政府数据治理机制。充分发挥政府有序引导和规范发展的作用，守住安全底线，明确监管红线，打造安全可信、包容创新、公平开放、监管有效的数据要素市场环境。强化分行业监管和跨行业协同监管，建立数据联管联治机制，建立健全鼓励创新、包容创新的容错纠错机制。建立数据要素生产流通使用全过程的合规公证、安全审查、算法审查、监测预警等制度，指导各方履行数据要素流通安全责任和义务。建立健全数据流通监管制度，制定数据流通和交易负面清单，明确不能交易或严格限制交易的数据项。强化反垄断和反不正当竞争，加强重点领域执法司法，依法依规加强经营者集中审查，依法依规查处垄断协议、滥用市场支配地位和违法实施经营者集中行为，营造公平竞争、规范有序的市场环境。在落实网络安全等级保护制度的基础上全面加强数据安全保护工作，健全网络和数据安全保护体系，提升纵深防护与综合防御能力。

（十五）压实企业的数据治理责任。坚持"宽进严管"原则，牢固树立企业的责任意识和自律意识。鼓励企业积极参与数据要素市场建设，围绕数据来源、数据产权、数据质量、数据使用等，推行面向数据商及第三方专业服务机构的数据流通交易声明和承诺制。严格落实相关法律规定，在数据采集汇聚、加工处理、流通交易、共享利用等各环节，推动企业依法依规承担相应责任。企业应严格遵守反垄断法等相关法律规定，不得利用数据、算法等优势和技术手段排除、限制竞争，实施不正当竞争。规范企业参与政府信息化建设中的政务数据安全管理，确保有规可循、有序发展、安全可控。建立健全数据要素登记及披露机制，增强企业社会责任，打破"数据垄断"，促进公平竞争。

（十六）充分发挥社会力量多方参与的协同治理作用。鼓励行业协会等社会力量积极参与数据要素市场建设，支持开展数据流通相关安全技术研发和服务，促进不同场景下数据要素安全可信流通。建立数据要素市场信用体系，逐步完善数据交易失信行为认定、守信激励、失信惩戒、信用修复、异议处理等机制。畅通举报投诉和争议仲裁渠道，维护数据要素市场良好秩序。加快推进数据管理能力成熟度国家标准及数据要素管理规范贯彻执行工作，推动各部门各行业完善元数据管理、数据脱敏、数据质量、价值评估等标准体系。

## 六、保障措施

加大统筹推进力度，强化任务落实，创新政策支持，鼓励有条件的地方和行业在制度建设、技术路径、发展模式等方面先行先试，鼓励企业创新内部数据合规管理体系，不断探索完善数据基础制度。

（十七）切实加强组织领导。加强党对构建数据基础制度工作的全面领导，在党中央集中统一领导下，充分发挥数字经济发展部际联席会议作用，加强整体工作统筹，促进跨地区跨部门跨层级协同联动，强化督促指导。各地区各部门要高度重视数据基础制度建设，统一思想认识，加大改革力度，结合各自实际，制定工作举措，细化任务分工，抓好推进落实。

（十八）加大政策支持力度。加快发展数据要素市场，做大做强数据要素型企业。提升金融服务水平，引导创业投资企业加大对数据要素型企业的投入力度，鼓励征信机构提供基于企业运营数据等多种数据要素的多样化征信服务，支持实体经济企业特别是中小微企业数字化转型赋能开展信用融资。探索数据资产入表新模式。

（十九）积极鼓励试验探索。坚持顶层设计与基层探索结合，支持浙江等地区和有条件的行业、企业先行先试，发挥好自由贸易港、自由贸易试验区等高水平开放平台作用，引导企业和科研机构推动数据要素相关技术和产业应用创新。采用"揭榜挂帅"方式，支持有条件的部门、行业加快突破数据可信流通、安全治理等关键技术，建立创新容错机制，探索完善数据要素产权、定价、流通、交易、使用、分配、治理、安全的政策标准和体制机制，更好发挥数据要素的积极作用。

（二十）稳步推进制度建设。围绕构建数据基础制度，逐步完善数据产权界定、数据流通和交易、数据要素收益分配、公共数据授权使用、数据交易场所建设、数据治理等主要领域关键环节的政策及标准。加强数据产权保护、数据要素市场制度建设、数据要素价格形成机制、数据要素收益分配、数据跨境传输、争议解决等理论研究和立法研究，推动完善相关法律制度。及时总结提炼可复制可推广的经验和做法，以点带面推动数据基础制度构建实现新突破。数字经济发展部际联席会议定期对数据基础制度建设情况进行评估，适时进行动态调整，推动数据基础制度不断丰富完善。

《人民日报》（2022年12月20日　第01版）

# 发展自主可控的数据要素流通技术

　　党的二十大报告指出"加快发展数字经济，促进数字经济和实体经济深度融合，打造具有国际竞争力的数字产业集群"。当前，数字经济是我国经济发展的新动能、新引擎。自党的十九届四中全会正式将数据列为生产要素以来，我国加快了培育数据要素市场的步伐。2022年12月，中共中央、国务院《关于构建数据基础制度更好发挥数据要素作用的意见》，成为下阶段我国数据要素市场化建设的指引。

　　数字经济的基础技术将数据和算法进行融合，释放数据价值。人工智能算法的落地应用给各行各业带来了明显的价值提升，而数据是算法作用的对象。因此，国家把数据纳入生产要素。近些年，虽然人工智能算法技术已经有了长足发展，但在很多行业中，算法的价值发挥越来越受到基础数据可用性的限制，诸如数据孤岛、数据安全、隐私保护等问题阻碍了数据价值进一步释放。因此积极推动数据要素的安全利用，已经成为建设数字经济的关键举措。

本质上，数据要素应用的核心挑战是如何保证数据要素使用可控。从数据可控流通的技术来看，四十年前多方安全计算实现了理论上的突破。一直到近几年，随着数据流通和数据隐私保护并重的产业需求愈加旺盛，大家在计算机科学各个领域开展研究和实践，极大地提升了这些技术的性能，并且已经在金融等领域取得实践应用的初步成果。但是当前，数据要素相关技术、产业和政策的结合，仍然面临两个核心挑战。

第一是交叉学科的挑战。如数据要素在金融领域的应用，是典型的交叉学科范畴。但目前的金融科技发展仍面临一定问题，其根源是金融从业者、科技人员与监管方之间互相难以沟通和理解，缺乏开放心态和敬畏之心。其实，科技人员要敬畏金融规律，理解金融领域防范系统性风险底线的根本要求；金融业从业者也需要敬畏科技，理解不断涌现的科技的原理和本质。当然，各方之间需要互相理解的重要性还在于，监管与合规是金融行业非常鲜明的特色，如何设计开发拥抱监管而不是逃避监管的技术，才是"行稳致远"的根本。

第二是交叉学科人才和技术自主可控的挑战。清华大学交叉信息研究院一直致力于培养具有国际一流的科技创新人才。我们希望自主培养的创新人才队伍，能够在安全利用数据要素这一关乎国家安全的关键领域中，创造出独立自主、国际领先的技术。同时，我们与五道口金融学院合作，共同创办清华大学金融科技研究院，也希望能培养出具备交叉学科能力，并能够在金融等产业进行应用创新的人才。

我很高兴清华大学金融科技研究院发扬了清华大学产学研平台优势，依托不同领域领先的科研水平，组织专家编写出版了《数据要素化100问：可控可计量与流通交易》一书。社会各界对这一交叉领域的深刻理解，是打通技术、业务与政策的关键。本书简洁全面地介绍了数据要素相关的关键技术、政策要求、产业应用、国际比较等内容，具有通俗性、可读性，相信能让各级领导干部、政策研究者、技术人员、业务人员获益匪浅。

姚期智

中国科学院院士，图灵奖得主

清华大学交叉信息研究院院长

清华大学金融科技研究院管委会主任

# 稳步有序推进我国数据要素化

　　自党的十九届四中全会正式将数据列为生产要素以来，我国数据要素化进程按下了"快进键"。2020年4月9日，中共中央、国务院出台《关于构建更加完善的要素市场化配置体制机制的意见》，明确提出"加快培育数据要素市场"，随后《要素市场化配置综合改革试点总体方案》《关于加快建设全国统一大市场的意见》等一系列鼓励政策密集出台，京沪深等地开启新一轮新型数据交易所建设热潮，数据加工、数据合规、数据资产评估等专业服务机构加速出现。2022年12月，中共中央、国务院《关于构建数据基础制度更好发挥数据要素作用的意见》，为促进数据高效流通使用、赋能实体经济提供制度支撑。在把握数字经济发展新机遇背后，我们也要认识到中国数据要素化进程也伴随着很多挑战，需要自上而下打通关键节点，理顺错综复杂的症结所在。

近些年来，社会各界对数据价值的认识、数据化决策和管理能力已经有了很大的提升，有力推动了我国经济转型发展和治理能力的现代化水平。但大家对于数据作为新生产要素的科学理解、数据要素化的难点堵点及深层次动因、数据要素化的创新探索等关键问题的认识恐怕还有很多困惑。这是因为，关于数据要素化，无论观念上的认知理解，还是实践中的市场化配置改革，在我国甚至全世界都是一个新生事物，因此更需要我们与时俱进，解放思想，走出"新"路，加速壮大发展新动能，这也是数字经济时代提升数据思维的应有之义。

一般提到"数据要素"，大家都会感到既熟悉又陌生。熟悉在于，数据要素其实来源于数据。《中华人民共和国数据安全法》第一次给出了数据的法律定义，指出数据是"任何以电子或者其他方式对信息的记录"。从这个角度说，从上古时代的"结绳记事"，到文字发明后的"文以载道"，再到现代科学的"数据建模"，其中用到的信息记录都叫数据，数据一直伴随着人类社会的发展变迁。陌生在于，虽然数据要素和数据紧密相连，但又存在着本质区别，不是所有的数据天然就是数据要素。数字经济时代，数据的使用对象已经从人变成了计算机，数据成为数据要素，需要具备两大前提条件：一是把原始数据加工成机器可读的，具备投入生产使用条件的生产数据。二是让数据可以通过流通进入到社会化大生产中，而不是手工作坊似的自有资源。因此，具备"机读"＋"流通"的数据才能真正成为数据要素。

从"数据"到"数据要素"，字面上虽仅有两字之差，但背后却是对数据在下阶段人类经济发展历程中所起到的决定性作用的全新定位和前瞻研判。我国是名副其实的数据资源大国。国际数据公司（IDC）和数据存储公司希捷（Seagate）开展的一项研究发现，我国每年以超过全球平均数3%的速度产生和存储数据，2018年约产生7.6ZB（1ZB≈1万亿GB）数据，至2025年全球新增的数据将有近30%来自中国。数据也已经成为我国数字经济持续壮大的关键基础。2020年我国数字经济规模位居世界第二，逼近5.4万亿美元，同比增长9.6%，增速位居全球第一。基于数据资源和市场规模等优势，我国不断创新发展出移动支付、电子商务、在线教育、远程医疗等一批新业态新模式，为经济社会发展注入了强大活力。

从数据到数据要素的过程，就是数据要素化。它能够推动我国数据资源通过市场化配置实现在全社会范围内的广泛流通，推动数据资源全面进入社会化大生产，这涉及我国数据要素市场基础制度、基础设施、标准规范、技术创新、产业应用等方方面面，各行业各领域都是这个过程的参与者、推动者和受益者。数据要素化的本质是流通。数据只有通过流通，才能为优化自然资源和社会资源使用和分配提供支撑。而数据流通的关键在于可控。调查显示，2021年全球数据泄露事件平均成本（损失）出现了近年以来的最大增幅，从2020年的每起386万美元增加到2021年的424美元，增长9.8%。这还不包括以合法手段获取却将数据用于非法用途等的滥用行为。因此，在《要素市场化配置综合改革试点总体方案》中，明确要求"探索建立数据要素流通规则，建立数据用途和用量控制制度，实现数据使用'可控可计量'"。

可见，数据流通是数据要素化的前提，而使用可控又是数据流通的前提。可喜的是，使用可控目前已可通过技术手段实现，这也为我国数据要素化带来了历史性优势。40年前，我国姚期智院士首创了多方安全计算理论，为转化这一重要原创性科研成果，清华大学发起成立了华控清交信息科技（北京）有限公司进行工程化落地，经过近些年持续的技术攻坚，其性能耗费已从明文的10万~100万倍降低到了目前的10~100倍（个别运算可在10倍以内），实用性大大增强，为从根本上解决明文数据流通中的信息泄露和使用不可控问题提供了创新方案。这也是清华大学金融科技研究院重点孵化的科技应用。可以说，以多方安全计算等隐私保护计算技术为代表的技术领先应用，在某种程度上实现了我国数据要素化的国际创新引领。

当然，目前来看，我国数据要素化还面临很多困难。数据责任和数据权属界定尚不明晰、数据相关定价和流通机制还不完善、数据安全流通技术应用能力不足等，导致数据要素化过程中普遍存在"不敢"流通、"不愿"流通、"不会"流通的尴尬局面。比如，明文数据流通，无法有效管控数据使用目的和方式，无法厘清数据相关方之间的"责、权、利"；再比如，数据所有权及其相关的使用权、受益权和处置权的定义与含义在法律上也还没有得到明确，数据权属难有定论；等等。随着国家间数字经济竞争日益激烈，国内新旧动能加速转换，需要各界不断加大讨论力度，加快凝聚共识，为顺畅解决这些问题提供支持。

本书聚焦数据要素化与数据流通的关键认知与实现路径，旨在系统性厘清数据要素化的掣肘难题，并尝试从政策、法律、国内外产业实践等角度展现业界创新解决思路，还邀请了华控清交参与本书编写，全面介绍多方安全计算等隐私保护计算技术、工程化和产业化的最新进展。在形式上，以问答方式提炼出直击要害的100个数据要素化关键问题，希望能够帮助关注数据要素的领导干部、政策研究者、高校学者、技术业务专家等加深对数据要素化的最新理解，为制定数据政策、开展业务实践提供高质量的研究参考。也希望本书能让更多普通读者读懂数据要素，用好数据要素，发挥数据要素价值，为中国数据要素市场建设贡献力量！当然，由于中国数据要素化实践处于起步阶段，本书中也有一些问题还没有明确答案，期待和政产学研各界加强沟通交流，不断碰撞出中国数据要素化的特色之路！

廖理

清华大学五道口金融学院金融学讲席教授、博士生导师

清华大学金融科技研究院院长

目录
Contents

# 第三章 实现：数据要素化的技术路径

## 第四章　活力：数据的流通交易

## 第五章　探索：数据要素市场的最新实践

## 第六章　视野：数据要素化的全球观

## 第七章　预见：数据要素化的远景趋势

# 表目录

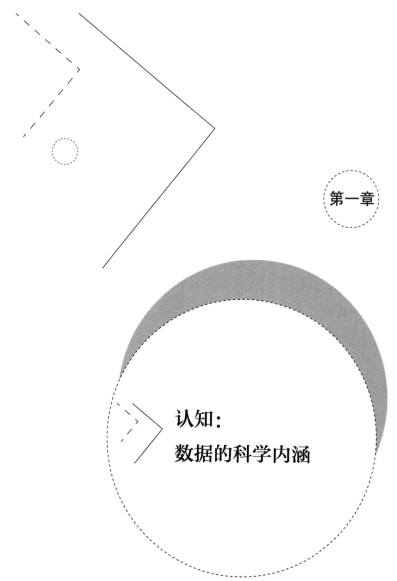

第一章

认知：
数据的科学内涵

　　健全劳动、资本、土地、知识、技术、管理、数据等生产要素由
市场评价贡献、按贡献决定报酬的机制。
　　　　——《中共中央关于坚持和完善中国特色社会主义制度推进
国家治理体系和治理能力现代化若干重大问题的决定》

## 1.什么是数据要素？为什么说数据≠数据要素？

数据要素是数据生产要素的简称。数据要素即"那些以电子形式存在的、通过计算的方式参与到生产经营活动并发挥重要价值的资源。"生产要素是用来创造和生产商品或服务的资源，是价值创造的必要条件，也是经济发展的基石。生产要素和原材料的区别在于，生产要素是社会化大生产之必需，却不能在最终的生产成品中被直接看到。比如，土地、劳动等是生产成品的必备投入，但是在生产成品中我们却看不到土地和劳动的形态。原材料则不然，如用于制作桌子的木材，在桌子制成后还能看到它，因此它是原材料而不是生产要素。在我国，土地、劳动、资本、技术、管理等都被列入生产要素。2019年10月31日，党的十九届四中全会通过的《中共中央关于坚持和完善中国特色社会主义制度推进国家治理体系和治理能力现代化若干重大问题的决定》，正式把数据列入生产要素，这也拉开了我国以数据为关键生产要素的数字经济发展新序幕。

大家对数据一词并不陌生。我国2021年颁布的《中华人民共和国数据安全法》（以下简称《数据安全法》），第一次从法律意义上明确了数据的定义，即指"任何以电子或者其他方式对信息的记录"。从这个角度看，从上古时代的"结绳记事"，到文字发明后的"文以载道"，再到现代科学的"数据建模"，其中用到的信息记录都叫作数据，可以说数据一直伴随着人类社会的发展变迁。人类社会早期的生产力水平有限，使用数据对事物的记录也相对简单，数据在人们的生产生活中仅仅起着基础性辅助作用。工业化时代，数据对经济活动的计量记录更加精确，基于数据开展统计分析这一商业行为也开拓出专业的市场。信息化时代，存储在计算机里的各类信息都以数据形式存在，人类掌握数据、处理数据的能力有了巨大提高。近年来，人类更是进入大数据时代，数据已经成为社会个体和政府优化自然资源和社会资源使用及分配的关键决策依据。在此基础上，我国率先提出把数据作为一种新的生产要素来看待，并不断完善数据参与生产和收入分配、推动数字经济健康发展的顶层设计。

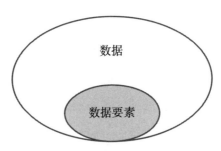

**图1　数据与数据要素的静态关系**

　　资料来源：作者绘制

数据要素和数据紧密相连，但又存在本质区别。应该说，数据要素来源于数据，但不是所有的数据天然就是数据要素（见图1）。近年来，随着数字经济不断发展，数据的使用对象已经从人变成了计算机，因此数据成为数据要素，需要具备两大必要条件：一是把原始数据加工成机器可读的，具备投入生产使用条件的生产数据。比如纸质文档，上面记录的数据资源虽然承载着信息，但因为它不能被机读，就不是数据要素。二是让数据可以通过流通进入社会化大生产中（见图2），即像其他资源那样可以进行社会化配置和利用。不能在社会范围内广泛流通的数据，无论体量多么庞大，都是手工作坊似的自有资源，不是进入社会化大生产的生产要素。因此，具备"机读"+"流通"条件的数据才会真正成为数据要素。

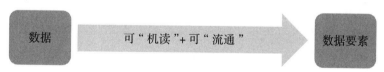

**图2　数据与数据要素的动态关系**

资料来源：作者绘制

数据和数据要素的区别可简单类比为钱和资本的区别（见图3）。在货币经济时代，大多数人手里都有钱，可以买东西，但不等于这些人都拥有资本。资本是用于投资以期得到利润的钱，其本质是获利。因此，钱不等于资本，只有投入生产经营、可以产生经济效益的钱才是资本。

**图3　从数据到数据要素的过程类似从钱到资本的过程**

资料来源：作者绘制

## 2.将数据上升为生产要素的时代背景是什么?

在社会发展的每个阶段，都有一种生产要素是最重要和突出的，这就是关键生产要素。比如在农业社会，人类生产生活主要建立在对农作物的生产和利用基础之上，最主要的商品形态是农产品，土地就是当时的关键生产要素，也被称为"财富之母"；在工业社会，由于社会分工的广泛演进，需要配置大规模的厂房、机器设备和工业化基础设施突破小手工作坊的局限，来大大提高人的劳动生产率，资本作为配置大规模厂房、机器设备和工业化基础设施的手段和载体，成为该阶段的关键生产要素。当今，人类已进入数字经济时代，它是人类迄今为止最先进的经济形态，以现代数字化网络为主要载体，以全要素数字化转型为重要推动力。数字经济1.0阶段是"信息经济"或"知识经济"时代，经济的发展往往直接依赖于知识/信息的创新、传播和应用，知识和信息为关键生产要素。随着物联网、云计算等技术不断发展，人类通过大数据、人工智能等技术对事实数据的利用能力有了跨越式提升，数字经济进入2.0阶段，即数据经济时代，此时数据的生产、采集、加工分析和应用是经济发展的基础，社会对数据的需求催生数据要素市场形成，数据成为可社会化、市场化利用的资源，成为关键生产要素。

近年来，我国数字经济发展较快、成就显著。根据中国信息通信研究院《全球数字经济白皮书》，2020年我国数字经济规模位居世界第二，逼近5.4万亿美元（见图4），同比增长9.6%，增速位居全球第一。特别是新型冠状病毒感染疫情暴发以来，数据科学、数字技术、数字经济在支持抗击疫情、支撑生产生活方面发挥了重要作用。基于较好的数字基础设施建设，我国不断涌现出远程办公、直播教学、远程医疗等一批新业态新模式，为我国数字经济不断做强做优做大奠定基础。

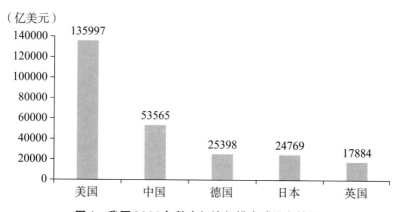

图4　我国2020年数字经济规模全球排名情况

资料来源：中国信息通信研究院《全球数字经济白皮书》

我国将数据上升为生产要素的历程也是党和国家对数据重要性认知不断深化的过程（见表1）。2014年2月27日，习近平总书记在中央网络安全和信息化领导小组第一次会议中指出"信息流引领技术流、资金流、人才流，信息资源日益成为重要生产要素和社会财富"，数据作为信息资源的主要载体，朝着生产要素的形态发展。2017年12月8日，习近平总书记在十九届中共中央政治局第二次集体学习时强调"要构建以数据为关键要素的数字经济"，首次单独提出数据是一种生产要素，充分肯定了数据在发展数字经济过程中的关键作用。2019年10月31日，党的十九届四中全会通过的《中共中央关于坚持和完善中国特色社会主义制度推进国家治理体系和治理能力现代化若干重大问题的决定》提出"健全劳动、资本、土地、知识、技术、管理、数据等生产要素由市场评价贡献、按贡献决定报酬的机制"，正式将数据增列为生产要素，确定其可作为生产要素按贡献参与分配。这反映了随着经济活动和数字化转型加快，数据对提高生产效率的乘数作用日益凸显，成为最具时代特征的新生产要素的重要演进。2020年4月9日，中共中央国务院通过的《关于构建更加完善的要素市场化配置体制机制的意见》首次提出"加快培育数据要素市场"，指明了发挥数据要素作用的推进方向。2022年6月22日，中央全面深化改革委员会第二十六次会议审议通过了《关于构建数据基础制度更好发挥数据要素作用的意见》（又称"数据二十条"），2022年12月19日，这一意见全文正式对外公布，提出以维护国家数据安全、保护个人信息和商业秘密为前提，以促进数据合规高效流通使用、赋能实体经济为主线，以数据产权、流通交易、收益分配、安全治理为重点，深入参与国际高标准数字规则制定，构建适应数据特征、符合数字经济发展规律、保障国家数据安全、彰显创新引领的数据基础制度，勾勒出我国数据基础制度建设的"四梁八柱"，为数据要素市场化配置改革提供了基本遵循和行动指南。这标志着我国发挥数据要素作用的系统性制度设计开始全面推进。

**表1　我国将数据上升为生产要素的历程**

| 时间 | 出处 | 内容 | 对数据作为生产要素的认识 |
|---|---|---|---|
| 2014年2月27日 | 中央网络安全和信息化领导小组第一次会议 | 习近平总书记指出"信息流引领技术流、资金流、人才流，信息资源日益成为重要生产要素和社会财富"。 | 数据作为信息资源的主要载体，朝着生产要素的形态发展。 |
| 2017年12月8日 | 十九届中共中央政治局第二次集体学习 | 习近平总书记强调"要构建以数据为关键要素的数字经济"。 | 首次单独提出数据是一种生产要素，充分肯定了数据在发展数字经济过程中的关键作用。 |

续表

| 时间 | 出处 | 内容 | 对数据作为生产要素的认识 |
|---|---|---|---|
| 2019年10月31日 | 党的十九届四中全会《中共中央关于坚持和完善中国特色社会主义制度推进国家治理体系和治理能力现代化若干重大问题的决定》 | 健全劳动、资本、土地、知识、技术、管理、数据等生产要素由市场评价贡献、按贡献决定报酬的机制。 | 正式将数据增列为生产要素，确定其可作为生产要素按贡献参与分配。 |
| 2020年4月9日 | 中共中央　国务院《关于构建更加完善的要素市场化配置体制机制的意见》 | 加快培育数据要素市场、推进政府数据开放共享、提升社会数据资源价值、加强数据资源整合和安全保护。 | 提出加快培育数据生产要素市场，探索建立数据流通规则。 |
| 2020年5月11日 | 中共中央　国务院《关于新时代加快完善社会主义市场经济体制的意见》 | 加快培育发展数据要素市场，建立数据资源清单管理机制，完善数据权属界定、开放共享、交易流通等标准和措施，发挥社会数据资源价值。 | |
| 2022年1月6日 | 国务院办公厅关于印发《要素市场化配置综合改革试点总体方案》的通知 | 提出探索建立数据流通规则、完善公共数据开放共享机制、建立健全数据流通交易规则、拓展规范化数据开发利用场景、加强数据安全保护。 | |

续表

| 时间 | 出处 | 内容 | 对数据作为生产要素的认识 |
|---|---|---|---|
| 2022年4月10日 | 中共中央 国务院《关于加快建设全国统一大市场的意见》 | 加快培育数据要素市场，建立健全数据安全、权利保护、跨境传输管理、交易流通、开放共享、安全认证等基础制度和标准规范，深入开展数据资源调查，推动数据资源开发利用。 | 提出加快培育数据生产要素市场，探索建立数据流通规则。 |
| 2022年6月22日 | 中央全面深化改革委员会第二十六次会议 | 数据作为新型生产要素，是数字化、网络化、智能化的基础。统筹推进数据产权、流通交易、收益分配、安全治理，加快构建数据基础制度体系。 | 系统性构建数据基础制度体系，以充分发挥数据要素作用。 |
| 2022年12月2日 | 中共中央 国务院《关于构建数据基础制度更好发挥数据要素作用的意见》 | 探索建立保障权益、合规使用的数据产权制度，合规高效、场内外结合的数据要素流通和交易制度，体现效率、促进公平的数据要素收益分配制度和安全可控、弹性包容的数据要素治理制度。 | |

资料来源：根据公开资料整理

## 3.为什么我国率先把数据上升为生产要素?

在每个历史时代，党和国家都抓住了经济发展和社会关系中最为关键的问题和矛盾。随着数据成为数字经济关键要素的特征日益明显，党中央国务院敏锐洞察生产力发展的要求，顺应时代趋势，率先将数据正式上升为生产要素，并给予了一系列政策、资金、技术支持，要求把数据的生产要素作用尽快、尽好、尽多地发挥出来。

从国际局势来看，当前百年变局和世纪疫情叠加交织，国际力量对比正在进行深刻调整，全球经济未来发展主动权的竞争焦点日益向数字经济集中，数据在全球经济运转中的关键作用和价值日益凸显。中国信息通信研究院《全球数字经济白皮书》显示，2020年发达国家数字经济规模达24.4万亿美元，占全球总量的74.7%。其中美国、英国、德国的数字经济在国民经济中占据主导地位，占GDP比重超过60%。近年来，发达经济体正不断加快数字经济布局，依托自身优势形成各有特色的数字经济发展道路。其中美国依托核心技术创新，巩固数字经济全球竞争力；欧盟以对数据治理法律规则的领先探索，打造统一的数字化生态；德国依托制造业的强大优势，打造全球制造业数字化转型标杆。在数字经济面临外部竞争加剧的背景下，我国顺应新形势，紧扣数字经济的新特征、新规律和新要求，结合自身特色和优势，率先把数据上升为生产要素，抢抓数字经济全球竞争新赛道的优先权。

与发达经济体相比，我国数字经济发展也并不逊色。主要体现在：首先，我国数字经济发展基础坚实。2020年，我国数字经济与"十二五"末期相比规模翻了一番，总量仅次于美国，位居世界第二，增长速度位居世界前列。我国也是名副其实的数据资源大国和强国，国际数据公司（IDC）和数据存储公司希捷（Seagate）开展的一项研究发现，我国每年以超过全球平均数3%的速度产生和存储数据，2018年约产生7.6ZB（1ZB≈1万亿GB）数据，至2025年全球新增的数据将有近30%来自中国。其次，我国是全球人口最多的国家，超大规模市场优势明显。我国的电子商务、移动支付规模在全球遥遥领先。根据《"十四五"电子商务发展规划》，2020年全国网上零售额达到11.8万亿元，已连续8年成为全球规模最大的网络零售市场。我国网约车、网上外卖、远程医疗等市场规模也不断扩大。最后，我国数字基础设施处于国际领先水平。如我国数字平台发展十分迅猛，据中国信息通信研究院《平台经济与竞争政策观察（2021年）》显示，2020年我国价值超百亿美元的数字平台的数量已达到36家，首次超越美国。同年我国数字平台总价值合计为2.02万亿美元，占全球的22.5%（见图5）。

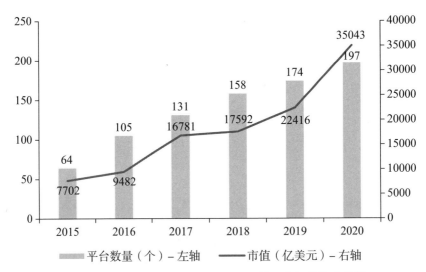

**图5　2015–2020年中国数字平台的数量和市场价值变化情况**
**（价值10亿美元以上数字平台）**

资料来源：中国信息通信研究院《平台经济与竞争政策观察（2021年）》

但是，除上述特色优势外，我国数字经济潜力发挥也存在瓶颈，需要通过提升数据的战略地位，从顶层设计上加强数据要素作用发挥，推动数字经济的下阶段跨越式发展。问题主要体现在以下几方面：一是我国产业数字化转型步伐相对较慢，数据与实体经济各产业的融合不够，数字经济优势尚未全面发挥。数据是产业数字化转型必不可少的投入，充分重视数据作用，将推动我国更好把握新一轮科技革命和产业变革新机遇。二是互联网平台数据垄断现象开始凸显，形成"平台系"数据共享阵营，数据价值在较小范围内挖掘实现，影响数据社会价值实现甚或共同富裕等问题。因此亟须加强数据流通，让数字经济发展成果更多、更公平地惠及广大人民，不断增强人民群众获得感、幸福感、安全感。三是数据安全和隐私保护问题凸显，影响个人生活安宁、企业发展甚至国家安全，亟待通过顶层设计，用好数据，管好数据，真正实现我国海量数据、广阔市场空间、丰富应用场景和特色制度环境等多种优势叠加。四是老龄化社会加速到来，亟待通过从战略层面推动数据在全社会范围内广泛流通，通过价值释放形成新的数字经济增长点，以"数据红利"和"创新红利"替代"人口红利"和"成本红利"，赋能现代化经济体系高质量发展。

## 4.如何理解数据对提高生产效率的乘数作用？

乘数作用也叫"乘数效应"，指经济活动中一个变量的增加或减少，会引起经济活动变化的连锁反应，最终引起经济总量的巨大变化。通俗理解，乘数作用就是一个变量的作用逐层放大，产生一种类似链式反应的效果。和乘数作用相对的是加法作用，后者类似物理变化，不同变量的作用结果只是简单叠加在一起，总量变化是线性的、平稳的。在农业社会，土地和劳动力要素的变化对生产效率的提升就是加法作用。如投入一个劳动力耕种一块土地，在种植农作物不变的情况下（比如玉米），增加一个劳动力或一块土地投入，总玉米产量就是两块地产量的简单加总，劳动力和土地之间不存在其他作用机制。在工业社会，资本要素对生产效率的提升首次产生乘数作用。如资本将手工作坊的机器设备集中在一起变成工厂，劳动者从全流程生产变成单一工序的操作者，工厂的整体产能就大大高于前期若干个手工作坊产能的简单相加。

数字经济时代，数据对生产效率的提升也是乘数作用，它对国民经济各部门具有广泛的辐射和带动效应。据统计，美国过去十余年的劳动生产率增长中，数字化的贡献度超过40%。相比传统生产要素，数据是生产力发展的倍增器，是社会进步的杠杆，对经济效率和规模的增长有更大、更广、更深的溢出效应。一般来说，数据的乘数作用机制其主要体现在三方面。

一是效率倍增。数据融入劳动、土地、资本、技术等每个单一要素中，参与并促进它们相互作用，产生多样的化学反应，实现多要素高效融合的生产效率倍增效应。例如，资本作为金融业资源效率放大器和经济利益传导机制的一环，将资本、金融与数据融合，产生更高效的现代数字化金融运行机制。此外，数据与其他要素的深度融合，不断催生出金融科技等"新资本"、智能机器人等"新型劳动力"，不断释放创新活力。

二是资源优化。数据不仅为劳动、资本、技术等单一要素带来了倍增效应，它还提高了劳动、资本、技术、土地这些传统要素本身的配置效率。例如，数据在工业企业和金融机构间流通共享，为中小企业低成本融资提供资本优化手段；数据在劳动力供需市场的有效流转，通过精准招聘优化劳动力配置；商业和工业企业利用数据资源进行智能物流优化、工业4.0和智能化制造等，大大提高经济效率。OECD发布的《数据和数据流动的映射方法》指出，数据资源的利用有助于产品、流程和组织的改善和创新，能够促进企业劳动生产率增长5%–10%。

三是投入替代。数据可以用更少的物质资源创造更多的物质产品和服务，产生对传统生产要素的替代效应。比如据波士顿咨询（Boston Consulting）估计，移动支付通过替代传统ATM机和营业场所，在过去10年至少为中国减少了1万亿元线下支付基础设施建设；再如电子商务减少了对传统商业基础设施的大规模需求和投入、政务服务"最多跑一次"等减少了人力和其他资源消耗。这些都是通过使用数据，用更少的资源投入创造了更高价值的体现。

## 5.什么是数据要素化？其本质是什么？

从微观角度看，数据要素化就是通过对数据进行清洗、加工和整理，把它变成可"机读"、具备生产使用条件，并通过流通使之进入社会化大生产的过程。从宏观角度看，数据要素化是推动我国数据资源通过市场化配置实现数据要素在全社会范围内的广泛流通，全面进入社会化大生产的过程，这涉及我国数据要素市场基础制度、基础设施、标准规范、技术创新、产业应用等方方面面，各行业各领域都是这个过程的参与者、推动者和受益者。数据存在提高生产效率的乘数作用，这是各界自发推动数据要素化的原因所在，也解决了数据要素化的动力问题。

数据要素化的本质是流通。数据要素的合规高效流通使用是我国建设数据基础制度、促进要素价值发挥的核心任务。数据流通的基础含义是数据参与社会化大生产的流动过程。在这个流动中，数据持有方提供数据参与融合计算得到计算结果，数据使用者在生产活动中使用该结果获得业务价值，从而完成数据参与社会化大生产的过程。数据流通涉及数据从提供端转换到使用端整个流通过程中的方方面面，包括流通对象（原始数据、数据价值、数据产品、数据服务等）、流通组织（数据交易所和交易机构、数据共享开放平台等）、流通基础设施（企业级、行业级、国家级数据流通网络和算力平台等）、流通技术（数据隐私保护技术、数据流通使用可控技术、区块链、人工智能等）、流通环境（数据权属界定、流通、交易、应用、安全保护、监管法规和制度等）等。

流通是数据进入社会化大生产并成为数据要素的必要条件。数据只有通过流通，才能为优化自然资源和社会资源使用和分配提供支撑。在数据要素化程度较低时，整个社会的数据资源配置处于一种以数据持有方为主导，把应用"堆积"在数据上的低效状态。此时，数据丰富的领域自然吸引资本、技术、人才等要素"集聚"，并依托丰富的数据进行数据开发和应用；数据应用反过来产生新的数据，并再度堆积新的应用，周而复始。这种循环往复的数据应用和堆积模式反过来又强化了数据持有方的资源优势，久而久之便会形成数据垄断，导致数据实际上被"圈禁"于"私地"，流动低效。典型的例子是，过去一段时间，很多大型平台借助移动互联网发展积累了大量数据资源，传统金融机构在数据维度、实时性等方面处于劣势，不得不让金融资本去"找"数据。互联网平台借此形成了"数据—网络效应—金融业务"的非持牌金融业务闭环模式，依托数据垄断抑制了金融机构在资本要素上配置的优势。后来监管当局及时纠偏，叫停相关非持牌业务，将所有金融业务纳入统一监管范畴，有效防范了潜在金融风险。因此，国家把数据上升为生产要素，就是要打破这种低效的数据配置状态，让数据自由有序地流向应用、流向更多的企业组织、流向不同的行业和地域、流向社会生产和人民美好生活需要的地方去。推动数据进入流通，通过数据资源市场化配置、实现更充分的供需定价，有序扩大数据流通规模，这是打破数据垄断、实现全社会高效数据资源配置的手段。

## 6.数据要素化的目的和手段是什么？

数据要素化的目的是让数据通过流通进入社会化大生产，从而提高劳动生产率、提高社会治理能力和提高人民生活水平。进入流通的数据在提高劳动生产率方面，能够对劳动力、资本、土地、技术、管理等要素产生化合反应，实现乘数效应，降低资源消耗量和生产成本，创造更多价值；在提高社会治理能力方面，能够促进社会治理决策科学化和治理方式精细化、动态化、立体化，促进社会治理从经验治理向数据治理、从被动响应型治理向主动预见型治理转变；在提高人民生活水平方面，能够释放更广泛的要素价值，并推动提升教育、医疗、养老、抚幼、就业、文体、助残等重点领域的数字化服务普惠应用，打造智慧共享、和睦共治的新型数字生活，构筑人民美好数字生活新图景。

数据要素化的手段是市场化和货币化，即数据资源通过市场流通，形成供需关系，生成数据价格，并通过货币这种特殊媒介实现大规模交易。除去市场化流通方式，数据流通也可以是非市场化、非商业性的，如数据赠送（为公益事业提供数据）、数据公开（如政务数据开放）、数据调配（如省市职工医保账户数据的实时接口传输）、数据继承（死者遗嘱指定亲属继承其社交网络数据）、司法判定等。此外，在数据要素化过程中，也存在非货币化的市场化数据流通，如以数据交换数据。这种方式类似古代"以物换物"的商品交换，其范围和规模受到提供方、需求方间精准匹配的限制，更适合小范围内的数据流通。

数据交易是数据流通的一种特殊方式，其特点是以货币为对价。

在当前阶段，数据交易还处于起步阶段，未来需要实现数据资源在庞大的市场中，通过需求与供给的相互作用及灵敏的价格反应，实现自由、高效、合理的分配、组合及再分配与再组合。数据交易使数据价值通过市场供需关系得到社会普遍认可，使数据持有者、数据处理者、数据运营者和数据应用者等产业链参与方投入的各种资源得到有效利用，使数据价值、数据产品或服务能真正为实际场景所需、为实际生产所用，数据资源的价值也就可以在更广泛的时空范围内得以释放。

## 7. 数据能不能流通？如何流通？

流通是数据成为生产要素的充分必要条件，推动数据流通已经成为大家的共识，但数据应该如何流通却仍是值得深入研究的重大问题。传统数据流通方式是明文数据的复制和传播。由于明文数据几乎没有复制成本，以这种方式流通数据面临许多不可控的因素，导致数据持有方"不愿流通"和"不敢流通"。因此，传统通过物品排他性占有来控制其流向和使用的方式，在明文数据流通中作用荡然无存，需要引入新的机制使数据流通可控，才能构筑数据流通的秩序。明文数据流通从信息学和经济学角度看，存在两大核心障碍。

首先，从信息学角度看，理论上明文数据的流通是个伪命题。因为数据的价值在于它承载的信息不对称性，简单地说就是"我知道、你不知道"或"我有、你没有"。但通过复制自身明文的方式进行传播，是把数据信息完全暴露在传播中，变成"我知道、你也知道"或"我有、你也有"的过程。这样来看，明文数据的流通恰恰是它自身价值灭失的过程，是个悖论。可以说明文数据流通得越快越广，其价值反而降低得越快。同时，明文数据流通存在不可控难题。当一方把明文数据复制交给另一方的时候，就失去了对该数据的控制，无法管控该数据的再复制和之后的使用目的、方式和次数，也无法厘清双方之间的"责、权、利"，但同时数据提供方又必须为该数据承担安全责任（见图6）。

**图6　明文数据流通导致其价值毁灭及使用不可控**

资料来源：作者自制

比如征信公司采集的用户个人基本信息（身份、姓名、家庭关系、家庭住址、联系方式）、负债数据（银行贷款金额、信用卡数量、信用额度）、履约情况（到期还款日期情况）、遵纪守法情况（法院民事经济案件的判决信息、已公告的欠税信息）等征信数据，这些数据是构建有效征信体系的基础。如果这些数据以明文形式进行流通，那么数据购买方一方面可以随时给他人提供类似或相同的征信产品和服务，由此导致征信机构的核心竞争力完全丧失；另一方面，数据购买方若滥用数据产生危害，征信机构还需要作为原数据持有方承担安全责任。从这个意义上来讲，当数据可以同时被无限多人使用时，其信息价值也就不复存在，数据使用的安全责任难以厘清。

其次，从经济学角度看，明文数据流通就是数据供给方把相关数据从现在到未来永远、所有的潜在价值通过复制统统交给了需求方，需求方拿到数据反过来却立马可以成为供给方。例如当征信数据明文形式流通后，购买方可以转身变成供给方，进行无限复制和传播，边际成本几乎为零。从理论上讲，这样会造成无限供应和无限需求，明显违背了市场供需定价的稀缺性原则。此时供需曲线都会成为躺在地上的平线，二者有无数个交点，价格却约等于零。因此，当数据不再稀缺时，买卖双方的价格共识也就难以达成了，数据无法定价就无法通过市场方式大规模流通。

所以，数据要实现流通，必须解决两大核心问题：**一是数据在流通中信息泄露的问题，二是数据流通不可控的问题。**近年来随着数据科技不断进步，这些问题已经有了全新的解决方案。基于姚期智院士在1982年提出的多方安全计算理论，目前在技术上已经可以通过密码学和现代计算机技术，把数据中可见的具体信息部分和不用看见就可以进行计算的使用价值区分开来，做到"数据可用不可见"；在此基础上，运用计算合约结合区块链等技术，通过对数据的特定目的使用权授予，切实管控数据流通使用的具体目的、方式和次数，实现**"使用可控可计量"**，从根本上解决明文数据在流通中的**信息泄露**和**使用不可控**这两大核心问题。

## 8.数据权属界定难在什么地方？

数据权属界定是数据流通中的重要话题，关乎数据流通的秩序和活力，是数据要素按贡献参与分配的重要依据，也是数据要素市场化配置的重要一环。明确数据权属，既能够厘清不同主体的数据权利和责任，也有利于通过激励机制，调动多元主体参与数据社会化大生产的积极性与创造性，促进数据价值释放。数据权属界定问题可以简单地从"权"和"属"两方面来看。

首先，需要明确当我们在讲数据"权利"时，具体指的是什么权、是物权、知情权、知识产权？还是使用权、收益权或处置权？或者其他什么权？相关的法律依据是什么？与传统的动产、不动产等有体物相比，数据具有两个方面的独特性：一方面，数据本身是无形的，必须附着在一定的物理载体之上，如以二进制代码的形式存储在电脑终端、云服务器或者其他硬盘等介质之中，可以被无限复制；而数据的无体性又决定了数据本身的取得或转让不以存储数据的介质（如硬盘）的取得或转让为前提，多方可以同时持有同一份的数据，也可以同时使用同一份数据。另一方面，数据本身具有公众性和公共性。公众性指的是数据的信息内容往往绝大多数是关于他人或他物的，而非关于采集、加工或持有人本身的；公共性指的是有些数据的内容和潜在使用有可能对他人、社会和国家具有重大影响。例如每个人的个人疫情健康数据构成了国家疫情总态势，影响着国家防疫策略；网约车的约车行为和行驶数据，从总体上来讲，有可能关乎国家安全。因此数据"权"很难界定为排他的物权。目前我国与数据"权利"可能相关的法律，无论是《民法典》《知识产权法》《著作权法》，还是《反不正当竞争法》《反垄断法》，都没有明确界定数据"权利"在法律上是什么含义。综上，目前数据所有权及其相关使用权、受益权和处置权的定义与含义在法律上也还没有得到明确。

"属"意味着归属，即数据相关"权利"属于谁？在数据"权利"的定义与含义在法律上还没有得到明确的情况下，属于谁这个问题目前很难有定论。然而，目前在业界，数据权属不具有独占性和排他性已形成了较为广泛的共识。作为在数字经济时代出现的新型生产要素，数据形成的过程是多方参与的，是个人、企业和组织之间复杂社会关系的映射。数据采集、存储、加工、分析、服务、安全、应用各个环节，各数据主体方都对数据的产生和价值做出相应贡献。如果确立数据"权利"具有排他性或唯一性，假设其属于数据持有者，那么如何平衡数据生产方和数据主体方等对数据的贡献和权利？如何兼顾数据的公众性和公共性？反之，如果不确立数据"权利"的排他性或唯一性，那么如何激励全社会对数据生产及应用和数据价值最大化的积极性？解决这些难题需要我们的政府、立法机构和社会各界共同运用智慧、勇气和担当去进一步研究、探索和尝试，估计还需要一段时间。

在数据要素化时代，数据权属配置应以数据有效流通和有序利用为目标，构筑一种与时俱进的数据权属新范式。因此，《关于构建数据基础制度更好发挥数据要素作用的意见》指出，要建立权益保障、合规使用的数据产权制度，推进公共数据、企业数据、个人数据分类分级确权授权使用，建立数据资源持有权、数据加工使用权、数据产品经营权等分置的产权运行机制，健全数据要素权益保护制度。这样可探索建立一种在保护数据主体方权益的前提下，在数据主体有效授权的基础上，数据持有方许可他人使用数据的权利和责任框架，既激励合法获利，又保障公众、社会和国家不受到侵害。这种使得数据持有方享受以数据使用权为核心的经济收益，又以保障数据主体方、人民福祉和国家利益为宗旨的综合性数据权属新范式，或将是公平有序高效的数据要素市场的重大理论和实践创新。

## 9.为什么说数据大规模流通如同开设"化工厂"，数据监管势在必行？

保障数据安全是数据流通的第一必要条件。数据大规模流通实际上是多元多方数据的融合计算。这一过程如同开设"数据化工厂"，多种原料（数据）在一定的配方和条件下（算法）产生化合反应（融合计算）的产物（计算结果），在创造价值的同时有可能会对他人、社会和国家造成危害或产生重大风险。就像硫黄、木炭和硝酸钾，单个物质在常温下都相对稳定，不属于高危品，但按照一定比例混合后却能形成炸药，十分危险（见图7）。典型的现实案例是2016年美国总统大选期间，英国数据分析公司（Cambridge Associates）曾利用其之前以学术研究名义合法从知名社交平台脸书网（Facebook）获得的数据包并结合其他条件，对用户通信内容和行为动态等特征进行分析，有针对性地给大量选民发送定制信息，干扰政治舆论、推动民意为特朗普团队助选，直接影响了许多州的选举结果。这种以无害理由获得大量数据，然后用于其他目的，甚至可以影响政治，可以说直接危害社会稳定与国家安全。

**图7 数据大规模流通如同开设"数据化工厂"**

资料来源：作者自制

因此，数据流通的风险具有外溢性，其不仅影响数据提供方和使用方，更会影响数据主体和国家利益。这种双方经济行为可能对他人、他物造成的利益伤害，在经济学上叫作负外部性。管制负外部性的有效手段是加强政府干预。所以，推动数据有序流通，需要提前构建负外部性的风险防范机制。对数据监管者而言，加强针对数据流通的监管势在必行。其根本目的就是要管控数据的具体使用目的、方式和次数，防范数据大规模流通的重大潜在风险和负外部性，如持有数据的组织在流通中仅自身获得巨大经济收益，但产生数据歧视、数据垄断，侵害个人隐私甚至国家安全等负面社会影响。

小贴士1

## 负外部性

负外部性是一个经济学名词，指在无管制的状态下，个人或企业不必完全承担其行为带来的社会成本，例如化工企业把污水排放到河流中、烟民在公共场所抽烟、黑工厂使用童工等。这些行为在给己方带来利益或满足的同时，对他人或社会带来不同程度的负面影响，但行为方却不必完全承担这种负面影响的后果或成本。

只有保障数据流通融合使用安全，数据才能够大规模地流通。在培育数据要素市场之前，需建立评估和管控"数据化合反应"不良后果的机制，保障数据流通被用于对社会有益的目的。通过智能合约等新型技术手段，管控多方数据融合计算的目的和方式（用途），是管控数据流通导致的"数据化合反应"潜在风险的有效手段。

## 10.为什么数据流通必须做到"使用可控可计量"？

数据"使用可控可计量"是指管控数据流通使用的具体目的、

方式和次数，保障数据流通使用安全、合法、合规，使数据流通可控可监管。它首次正式出现在2022年1月国务院办公厅印发的《要素市场化配置综合改革试点总体方案》（国办发〔2021〕51号）中。该方案提出探索建立数据流通规则，建立数据用途和用量控制制度，实现数据"使用可控可计量"，并要求相关试点工作到2025年取得标志性成果。我国首个系统性数据基础制度文件《关于构建数据基础制度更好发挥数据要素作用的意见》中也明确了"使用可控可计量"的要求。文件提出完善数据全流程合规与监管规则体系，结合数据流通范围、影响程度、潜在风险，区分使用场景和用途用量，建立数据分类分级授权使用规范。"可控"主要是管控数据的具体使用目的、方式和次数，避免数据流通使用风险；"可计量"要求数据使用可以量化，使数据要素按贡献参与分配具备了可操作性。"使用可控可计量"对数据流通提出了新的更高要求，也为我国数据要素市场建设指明了方向。

数据"使用可控可计量"是全面落实数据安全合规法律要求的重要手段。《数据安全法》和2021年11月1日起施行的《中华人民共和国个人信息保护法》（以下简称《个人信息保护法》）等法律明确提出对数据处理目的和方式可控制、可监督的要求。数据流通最主要的风险是数据被滥用（或因泄露而被滥用）。数据使用方超出授权范围使用数据，甚至从事非法数据交易，直接侵害个人隐私、企业商业秘密和国家安全。"数据可用不可见"技术手段能够降低数据在流通中泄露信息的风险，但它无法有效管控数据的具体使用目的、方式和次数（用途和用量），不足以杜绝数据滥用。由于不是直接通过明文数据进行流通，相关违法行为甚至变得更为隐蔽，会对社会造成更大的危害。因此，只有进一步通过"使用可控可计量"，才能切实管控数据流通的使用目的、方式和次数，避免数据被用于非授权用途的滥用风险，在全社会范围内实现数据流通"管得住、放得开"。

需要明确指出的是，**"数据可用不可见"是手段，"使用可控可计量"是目的**。并不是所有数据都需要通过这种方式进行流通，那些低敏感度、低价值的数据可以通过明文方式流通，但其不是数据要素市场建设的主角。数据"使用可控可计量"能够真正推动高价值、高敏感数据的大规模流通，是数据要素市场建设繁荣的重要方向。"使用可控可计量"也为有效监管数据流通创造了条件、提供了手段，真正推动数据在阳光下使用。对监管方来讲，控制数据流通使用的目的、方式和次数，能够更容易发现数据滥用行为，杜绝危害公众、社会和国家的数据滥用；对数据持有方来讲，可以在保持数据持有权不变的情况下，通过针对数据具体使用的目的、方式和次数授权他人使用数据，履行数据安全责任义务，保障数据使用安全、合法、合规；对数据使用方来讲，"使用可控可计量"为其自证清白提供了有效证明；而对受害方来讲，"使用可控可计量"可以使其受到的伤害和损失更容易被举证。

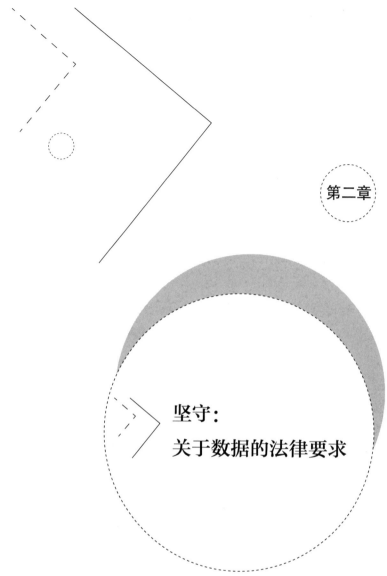

## 第二章

坚守：
关于数据的法律要求

建立数据要素生产流通使用全过程的合规公证、安全审查、算法审查、监测预警等制度，指导各方履行数据要素流通安全责任和义务。建立健全数据流通监管制度，制定数据流通和交易负面清单，明确不能交易或严格限制交易的数据项。

——《中共中央国务院关于构建数据基础制度　更好发挥数据要素作用的意见》

## 11. 法律上如何定义数据？什么是数据安全责任？

数据的法律定义有特殊意义，主要是法律定义框定了数据相关的法律关系和法律责任。《中华人民共和国民法典》第127条规定"法律对数据、网络虚拟财产的保护有规定的，依照其规定"，但这里并没有严格界定数据的法律内涵和外延，仅将数据、网络虚拟财产并列作为民事权利的原则性规定。2021年9月1日起施行的《数据安全法》是我国数据领域的基础性法律，其第3条第1款真正从法律上对数据进行了明确定义，即"本法所称数据，是指任何以电子或者其他方式对信息的记录"。这表明法律意义上的数据是指"对信息的记录"，形式上可以是电子方式的，也可以是其他方式的（比如打印的纸质载体）。

数据安全责任是保障数据处于安全状态的法律义务和法律责任。《数据安全法》首次通过国家立法明确了数据安全的责任范围，把数据保障安全从道义责任和社会责任上升为法律责任，并将数据安全保护义务的政策要求明确为强制性的法律要求。《数据安全法》第3条指出第3款"数据安全，是指通过采取必要措施，确保数据处于有效保护和合法利用的状态，以及具备保障持续安全状态的能力"。从这里可以看出，法律要求的数据安全包括数据保管安全（对于数据持有方）和数据使用安全（对于数据持有方和使用方）两个方面。为压实数据安全法律责任，该法第6章为法律责任专章，明确和细化了数据的法律责任以及违背或违反数据安全保护义务的责任追究方式。通过有关条文与数据安全保护义务一一对应，由此形成"义务—责任"的闭环规定，确立了具有系统性、协同性和严密性的数据安全法律责任体系。

对数据要素市场相关从业者来说，《数据安全法》明确了数据安全责任，这一措施给从业者带来的启示在于：数据不只带来收益，同时也在安全合规方面形成义务和成本。数据显示，2021年全球数据泄露事件平均成本（损失）增幅达到了近年以来的最大，从2020年的每起386万美元增加到2021年的424万美元，增长9.8%（见图8）。

**图8 全球数据泄露事件平均成本（损失）**

数据来源：IBM Security《2021年数据泄露成本报告》

对于未开发利用取得收益的数据，仅承担义务和负担成本。因此相关机构和主体需要同时关注通过数据流通获取收益，并通过技术和制度降低数据的安全合规成本。

## 12.哪些主体需要对数据安全负责？

只有把数据安全责任压实到具体主体，才能真正保护数据安全。《数据安全法》明确了数据安全的法律责任主体，第6条第1款指出"各地区、各部门对本地区、本部门工作中收集和产生的数据及数据安全负责"。由此可见，数据安全涉及各行业各领域众多部门的职责。《数据安全法》不仅考虑到了数据安全保护义务承担者有组织和个人，还有直接的主管人员和其他直接责任人员等（见表2），并通过将责任最终压实到直接负责的个人，来落实组织和个人双责双罚的制度设计。这样不仅可以提前对企业和个人起到震慑作用，在实施过程中还更容易将法律要求落到实处。

表2　《数据安全法》相关处罚力度

| 处罚原因 | 受罚机构 | 直接负责的主管人员和其他直接责任人员 |
| --- | --- | --- |
| 不履行本法第27条、第29条、第30条规定的数据安全保护义务 | 由主管部门责令改正，予以警告，可以并处5万元以上50万元以下罚款 | 处1万元以上10万元以下罚款 |
| 拒不改正或者造成大量数据泄露等严重后果 | 处50万元以上200万元以下罚款，并可以责令暂停相关业务、停业整顿、吊销业务相关许可证或者吊销营业执照 | 处以5万元以上20万元以下罚款 |
| 违反国家核心数据管理制度，危害国家主权、安全和发展利益 | 处200万元以上1000万元以下罚款，并根据情况责令暂停相关业务、停业整顿、吊销相关业务许可证或者吊销营业执照 | 构成犯罪的，依法追究刑事责任 |
| 国家机关不履行本法规定的数据安全保护义务 | 不适用 | 依法给予处分 |

资料来源：作者根据《数据安全法》整理

　　首先，数据安全责任主体中的各地区涉及全国各级行政单位。《数据安全法》通过以来，不少地方政府依照它制定了数据条例，如《深圳经济特区数据条例》（2021年6月29日通过）、《上海市数据条例》（2021年11月25日通过）、《浙江省公共数据条例》（2022年1月21日通过）、《重庆市数据条例》（2022年3月30日通过）等。

这些地方性条例均从结果和手段两个层面规定了保障数据安全的具体禁止性行为，更好地明确了辖区内数据处理活动的法律边界。如《重庆市数据条例》第8条确立了"数据安全责任制"，明确数据处理者八项数据保护义务，为数据处理者合规开展数据处理业务提供了指南。

其次，数据安全责任主体中的各部门涉及各行业各领域。不少行业已经依照《数据安全法》规定相继推出本领域的数据安全管理要求。如国家互联网信息办公室于2021年7月5日审议通过了《汽车数据安全管理若干规定（试行）》，规范汽车数据处理活动，并于2021年11月14日又就《网络数据安全管理条例（征求意见稿）》向社会征求意见，旨在监督管理在我国境内利用网络开展数据处理的活动和网络数据安全。2022年12月8日，工业和信息化部印发了《工业和信息化领域数据安全管理办法（试行）》。对工业和信息化领域数据处理者的数据处理活动和安全保护进行监督管理等。

最后，《数据安全法》还确立了我国数据安全监管体制。明确中央国家安全领导机构负责国家数据安全工作的决策和议事协调，加强对数据安全工作的组织领导。同时第6条第2款明确了"工业、电信、交通、金融、自然资源、卫生健康、教育、科技等主管部门承担本行业、本领域数据安全监管职责"。《数据安全法》赋予了主管部门数据安全方面的行政执法权。这些部门在履行数据安全监管职责中，发现数据处理活动存在较大安全风险的，可以按照规定的权限和程序对相关组织、个人进行约谈，并要求采取措施进行整改，消除隐患。

## 13.《数据安全法》体现了怎样的新数据安全观?

《数据安全法》开篇就指出立法目的，"为了规范数据处理活动，保障数据安全，促进数据开发利用，保护个人、组织的合法权益，维护国家主权、安全和发展利益，制定本法"。《数据安全法》通篇坚持安全与发展并重，在规范数据处理活动的同时，对支持促进数据安全与发展的措施、推进政务数据开放利用等作出了相应规定，促进数据依法合理有效利用，充分发挥数据的基础资源作用和创新引擎作用。

《数据安全法》所体现的新数据安全观主要在于注重数据的使用安全。传统的数据安全注重数据本身的泄露风险，关注点主要在保障对数据的控制，避免数据被他人复制和使用。数据分类分级、风险评估和管控的重点均在管控数据本身的泄露风险。在数据大规模流通时代，考虑到"数据化工厂"可能造成对他人、社会或国家的重大危害，切实管控多方、多种数据融合计算的目的和方式（用途），保障数据使用安全是新数据安全观的核心。新数据安全观在数据生命周期图中的体现，就是数据使用环节的安全要求变成了全生命周期安全要求的核心（见图9）。

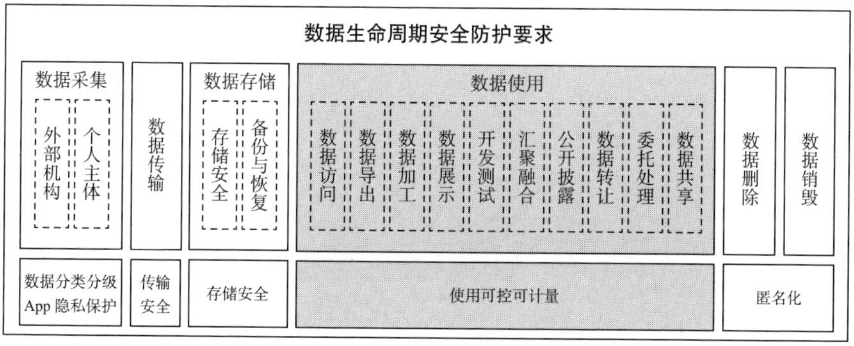

**图9　数据安全重点从保管安全变成使用安全**

资料来源：作者参照JR/T 0223-2021《金融数据安全 数据生命周期安全规范》绘制

上述变化将带来数据安全产业链的显著变化。数据显示，2021年数据安全项目在网络安全行业中的整体招标数量保持快速增长，特别是千万级的大型项目数量有了显著增加。这表明数据安全已经成为政企网络安全投入的重点，能够实现数据使用可控的创新技术具有广泛的应用前景。

## 14. 数据安全和个人信息保护是一回事吗？

数据安全和个人信息保护既有区别，又有联系。《个人信息保护法》对个人信息作出明确法律定义，"个人信息是以电子或者其他方式记录的与已识别或者可识别的自然人有关的各种信息，不包括匿名化处理后的信息"（第4条第1款）。《个人信息保护法》不仅是一部保护个人信息权益、规范个人信息处理活动、促进个人信息利用的一部法律，同时也是一部关于个人信息安全的法律，"安全"一词在这部法律当中出现了22次。

值得注意的是，"数据"一词没有出现在《个人信息保护法》中，但这并不意味着《个人信息保护法》和《数据安全法》没有关系。两部法律的立法宗旨，都是为了维护国家安全、网络安全、数据安全和保护个人信息，并且公民个人信息属于受《数据安全法》所保护的数据，对于个人信息的数据处理活动，必然受到《数据安全法》的规制。在某些情况下，数据安全和个人信息保护互相交织。比如《数据安全法》明确规定国家建立数据安全审查制度，《个人信息保护法》出台后，2021年11月16日通过的《网络安全审查办法》第7条规定"掌握超过100万用户个人信息的网络平台运营者赴国外上市，必须向网络安全审查办公室申报网络安全审查"。可以看出，虽然个人信息一般不属于《数据安全法》中的重要数据，但100万以上用户个人信息则构成重要数据。

## 15.《个人信息保护法》对个人信息处理者有哪些主要要求？

《个人信息保护法》第73条第1项规定"个人信息处理者，是指在个人信息处理活动中自主决定处理目的、处理方式的组织、个人"。在数字经济时代，个人与个人信息处理者之间的关系明显不对等，将个人信息保护的期望单纯寄托于处于弱势地位的个人通过行使自身权利保护的方式来达成是不切实际的。因此《个人信息保护法》特别明确规定了个人信息处理者的义务，为我国个人信息安全保护穿上"铠甲"，为破解个人信息保护中的热点难点问题提供了强有力的法律保障。《个人信息保护法》赋予个人充分的权利、强化个人信息处理者的义务，对个人信息处理者进行了行为规制，明确个人信息收集、存储、使用、加工、传输、提供、公开、删除等处理环节的规则。

截至2021年12月，我国网民规模已达10.32亿，互联网普及率达73.0%；网上外卖、网约车的用户规模分别达5.44亿、4.53亿，同比分别增长29.9%、23.9%。这些网络产品和服务提供者往往成为个人信息处理者，他们保护个人信息的责任日益增强。2022年最高法工作报告中提到，2021年全国严惩窃取倒卖身份证、通讯录、快递单、微信账号、患者信息等各类侵犯公民个人信息犯罪，审结相关案件4098件，同比上升60.2%。日常生活中，个人信息频繁被收集使用，随意收集个人信息的场景十分常见，个人隐私和生活安宁被不断侵扰，用户合法权益得不到切实保障，甚至滋生长链条的黑色产业。《个人信息保护法》及时出台，有效回应了这些不规范、不合法的问题。

在《个人信息保护法》实施后，个人信息处理者应特别关注针对使用环节的个人信息处理合规要求。主要包括以下三个方面（见图10）。

一、个人信息处理必须有明确、合理的目的，并采取合适的方式，见第6条"处理个人信息应当具有明确、合理的目的，并应当与处理目的直接相关，采取对个人权益影响最小的方式……"第7条"处理个人信息应当遵循公开、透明原则，公开个人信息处理规则，明示处理的目的、方式和范围"。

二、构建以"告知—同意"为核心的个人信息处理授权规则，即个人信息处理者必须获得针对使用目的（和方式）的授权（不可转授权），见第17条"个人信息处理者在处理个人信息前，应当以显著方式、清晰易懂的语言真实、准确、完整地向个人告知下列事项：……（二）个人信息的处理目的、处理方式，处理的个人信息种类、保存期限……"

三、个人信息处理者必须自证清白，即只要有侵害个人信息权益的行为，先做"有责"推断，除非信息处理者能够证明使用个人信息是经过正当授权的，处理的目的是正当的，且处理方式是合理的，见第69条第1款"处理个人信息侵害个人信息权益造成损害，个人信息处理者不能证明自己没有过错的，应当承担损害赔偿等侵权责任"。

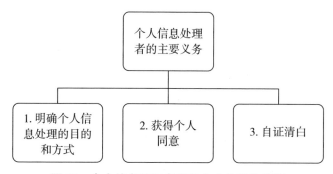

**图10 个人信息处理者使用个人信息的前提**

资料来源：作者根据《个人信息保护法》整理

此外，对于重要互联网平台的个人信息处理者，由于其用户数量庞大，一旦出现信息泄露或者其他侵犯个人信息的情况，后果非常严重，《个人信息保护法》第58条对这类平台提出更高的要求，包括：成立主要由外部成员组成的独立机构对个人信息保护情况进行监督；明确平台内产品或者服务提供者处理个人信息的规范和保护个人信息的义务；定期发布个人信息保护社会责任报告，接受社会监督。这些要求主要分为两个方面，一是加强外部监督，二是加强内部管理。

总体而言，《个人信息保护法》对个人信息处理者的要求内容翔实，对于企业处理个人信息的合规建设具有重要指导意义。2022年11月4日，国家市场监督管理总局、国家互联网信息办公室发布《个人信息保护认证实施规则》，鼓励个人信息处理者通过认证方式提升个人信息保护能力。个人信息处理者应认识到个人信息处理的合规不是一个确定的静态结果，而是一个持续的合规过程，这意味着需要不断努力去履行这些法律要求的合规义务。在此过程中，应避免主观臆断，把握"凡有交互均需要同意"的合规要领，高度关注数据流通使用的可控，并通过存证等技术手段自证清白。

## 16.为何必须明确个人信息处理的目的和方式？

电子方式记录的个人信息和数据一样，复制成本几乎为零，一旦以明文方式流通，将为个人信息滥用埋下伏笔。考虑到个人主体和个人信息处理者之间的弱势关系，为了保护弱势者权益，《个人信息保护法》第6条第1款明确要求，"处理个人信息应当具有明确、合理的目的，并应当与处理目的直接相关，采取对个人权益影响最小的方式""处理个人信息应当明示处理的目的、方式和范围"，第21条第2款规定了对委托处理的情形"受托人应当按照约定处理个人信息，不得超出约定的处理目的、处理方式等处理个人信息……"

上述个人信息处理者必须明确处理的目的和方式，体现了个人信息处理的目的限制原则，本质上是控制个人信息的用途。这个原则是《个人信息保护法》中最基本的一项原则，贯穿于个人信息处理活动的全过程。无论处理者是谁，也不管属于何种类型的处理活动，都必须受到该原则的约束。该原则也被称为《个人信息保护法》

的"帝王条款"。反过来说，如果个人信息处理者没有明确的目的和方式，即使征得个人同意，其处理个人信息的行为也是无效的。同时，即便是取得了个人的同意后进行个人信息处理活动，也不能超越约定的处理目的和处理方式，否则处理活动也是非法的，构成对个人信息权益的侵害。

例如，A女士在某公司的网上商城订购"每周鲜花"。该公司每周送一束鲜花到A女士家中。为此A女士提供了支付账号、家庭住址、联系方式等个人信息。此后，该公司每周处理一次A女士的这些信息并配送一束鲜花，显然都是与约定的处理目的——向A女士销售并配送鲜花——直接相关。但是，如果该公司为了推销本公司的其他产品（如花瓶、营养液或其他鲜花营销活动）而利用A女士的个人信息对她进行广告推送，并且这一推送能明确识别到A女士本人，那么这一处理活动就与处理目的并不直接相关，可能涉及非法处理个人信息。

不明确使用目的和方式的个人信息处理，往往埋下个人信息滥用的隐患，也可能为信息处理者带来巨大的非法利益。2022年2月，北京市海淀区检察院公开一则其起诉的某科技公司和王某某等人涉嫌侵犯公民个人信息罪一案。该公司被判处罚金人民币4000万元，被告人王某某被判处有期徒刑七年，罚金人民币1000万元。据悉，该公司在未取得求职者和平台直接授权的情况下，秘密爬取国内主流招聘平台上的求职者简历数据2.1亿余条。在获取上述数据后，该公司对这些数据进行了重整，并用于开发产品意图牟利。这是近年来全国同类案件判罚最重的案例，表明《数据安全法》和《个人信息保护法》出台后，司法机关也将依法更加严厉打击侵害公民个人信息、侵害数据权益的各类不法行为。

## 17. APP隐私政策"弹窗"频繁，如何理解处理个人信息需取得个人同意的法律要求？

随着以移动互联网为代表的现代信息技术日新月异，各类应用程序蓬勃发展，我国APP在架数量和用户规模持续扩大，已经成为个人信息保护的关键领域。截至2021年底，国内市场在架APP数量为252万款，其中游戏类、日常工具类、电子商务类和社交通信类大众常用的APP分列前四。随着《个人信息保护法》进入实施阶段，用户在使用APP时，会发现一些明显变化，有关"隐私政策"变更的"弹窗"频繁出现，只有点击确认或同意后，才能继续使用。这主要是因为《个人信息保护法》第13条第1款第1项要求个人信息处理者取得个人的同意方可处理个人信息，第14条第2款要求"个人信息的处理目的、处理方式和处理的个人信息种类发生变更的，应当重新取得个人同意"。

**小贴士2**

## 法律上个人同意 ≠ 个人授权

个人同意和授权在法律意义上存在区别。由于个人信息同时承载着个人利益、社会利益、公共利益，其使用不能单独由个人来决定，即属于个人同意而不是个人授权。

与个人信息保护有直接关联的APP弹窗，主要包括首次开启或注册账号时的隐私政策、隐私政策更新、权限申请前告知目的弹窗、刷脸指纹等功能开通、嵌入第三方SDK（Software Development Kit）等场景。特别是针对《个人信息保护法》中需要单独同意的场景，"弹窗"已成为相关信息处理者的最佳方案。

虽然APP个人信息保护行为得到规制，但仍有不少APP存在"不给权限不让用、频繁索权干扰用户、启动就索要无关权限、未经用户同意收集个人信息"等典型违法违规问题。为此，国家计算机网络应急技术处理协调中心于2021年建设了收集使用个人信息监测平台，实现对国内主流应用商店在架APP的全量快速检测。工业和信息化部也持续推进APP个人信息保护专项整治，2021年全年组织对208万款APP进行了技术检测，通报违规1549款，下架514款，有力整治违法违规行为，力度相比较2019年和2020年分别下架100余款

APP大幅提高。

对个人主体而言，首次下载使用APP时，点击"我已阅读并同意用户协议和隐私政策"是常规操作。但是，《个人信息保护法》对个人信息处理者取得合法同意的要求更高，不再是用户简单点击隐私政策的同意1.0版，而是"充分告知、明确自愿、便捷撤回"基础上的同意2.0版。因此，个人主体要注意识别部分APP借机"挖坑"，进行隐瞒个人信息收集行为和"一揽子"同意等违规操作，典型包括：一是敏感权限声明超出必要范围；二是权限索取超出必要范围；三是收集数据的敏感性超出必要范围；四是收集数据的具体内容超出必要范围；五是收集方式超出必要范围；六是收集频率超出必要范围；七是收集场景超出必要范围等。

## 18.个人信息处理者面临"有责推定"的被动局面，如何自证清白？

《个人信息保护法》第69条第1款"处理个人信息侵害个人信息权益造成损害，个人信息处理者不能证明自己没有过错的，应当承担损害赔偿等侵权责任"，明确了侵害个人信息适用过错推定责任的归责原则。通俗来讲，就是造成个人信息侵害事件，对个人信息处理者作"有罪推定"，如果其不能"自证清白"，就应当承担侵权赔偿责任。法律这样规定的原因是与个人信息处理者相比，个人主体在专业实力、信息获取等方面存在显著差距，在举证上处于弱势地位。因此，为了保护处于弱势的个人主体权益，《个人信息保护法》确定了过错推定责任，减轻个人主体的举证责任负担，更有利于保护受害者的合法权益。

在此基础上，《个人信息保护法》规定，对违法处理个人信息或处理时未履行个人信息保护义务，并且情节严重的个人信息处理者，将采取"双罚制"，具体如下：个人信息处理者本身，除有关部门责令改正、没收违法所得外，并处5000万元以下或上一年度营业额5%以下的罚款（以国内某互联网平台2021财年营收为7172亿元计算，其罚款最高可达358.6亿元），并可责令暂停相关业务或者停业整顿、通报有关主管部门吊销业务许可或营业执照；个人信息处理者的直接责任人，将被处10万元以上100万元以下罚款，且可能被禁止其在一定期限内担任相关企业的董事、监事、高级管理人员和个人信息保护负责人等职务。

《个人信息保护法》的过错推定给予了个人信息处理者抗辩和反驳的机会，也给他们的合规审计带来了压力和动力。在合规实务中，《个人信息保护法》规定的自证清白成了悬在个人信息处理者头顶上的"达摩克利斯之剑"。在数据要素化进程中，个人信息将迎来更广泛的流通使用空间。在此背景下，个人信息处理者需要符合《个人信息保护法》新要求，提前布局相关合法合规方案。只有将保护个人信息的责任要求贯穿到信息收集、使用、披露与提供的全过程，并以"数据可用不可见、使用可控可计量"的方式做到个人信息处理全流程存证、全流程可追溯与可审计，才能切实履行事前预防侵权与事后监管救济的基本责任，这也是个人信息处理者自证清白的必备手段（见图11）。

**图11　个人信息处理者可以"使用可控可计量"的存证记录自证清白**

## 19.法律对互联网平台大数据"杀熟"有哪些惩罚措施?

大数据"杀熟"是指同样的商品或服务，老客户的价格反而比新客户要贵出许多的现象，这就是老客户被商家"杀熟"了。近年来国内一系列互联网平台都被陆续指控进行大数据"杀熟"。2022年3月，北京市消协发布互联网消费大数据"杀熟"问题调查结果，86.91%的受访者认为自己有过被大数据杀熟的经历，调查数据显示购物类的大数据"杀熟"问题最多，其次是在线旅游类、外卖类和打车类（见图12）。

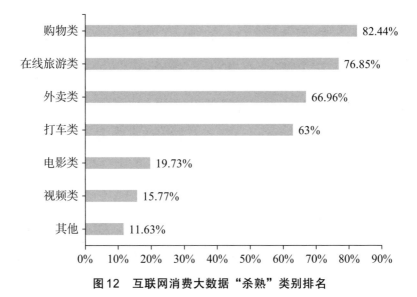

**图12　互联网消费大数据"杀熟"类别排名**

资料来源：北京市消费者协会，《互联网消费大数据"杀熟"问题调查结果》

大数据"杀熟"等现象频出使得消费者权益受损。我国《个人信息保护法》的出台，较好地回应了社会广泛关注的大数据"杀熟"问题。该法第24条第1款要求"个人信息处理者利用个人信息进行自动化决策，应当保证决策的透明度和结果公平、公正，不得对个人在交易价格等交易条件上实行不合理的差别待遇"。也就是说，

《个人信息保护法》实施之后，处理大数据"杀熟"的操作将有法律依据。2021年12月31日，由国家互联网信息办公室等通过的《互联网信息服务算法推荐管理规定》正式发布，并于2022年3月1日起正式实施，明确要求"算法推荐服务提供者向消费者销售商品或者提供服务的，应当保护消费者公平交易的权利，不得根据消费者的偏好、交易习惯等特征，利用算法在交易价格等交易条件上实施不合理的差别待遇等违法行为"。这样，一旦"杀熟"构成侵害个人信息权益或消费者权益行为，服务提供者将承担相应的法律责任。

2021年12月31日，浙江省绍兴市中级人民法院就我国"大数据'杀熟'第一案"——胡女士起诉携程作出终审判决。据悉，案中胡女士为携程钻石贵宾客户，本应享受酒店会员价8.5折起等特权，但其退房时才通过酒店的挂牌房价发现自己不仅没有享受到星级客户应当享受的优惠，反而多支付了一倍的房价。于是，她以携程利用其个人信息并根据"高净值客户"标签向其索要高价，构成欺诈，对携程提起诉讼。终审法院判决携程对胡女士索要高价行为构成欺诈，并认定了携程存在如下违法处理用户个人信息的行为：一是其"强制且不指明具体内容"的信息收集方式不当；二是其对个人信息的收集超出了最小范围之限；三是其对个人信息的使用未采取对个人权益影响最小的方式。由于本案发生于《个人信息保护法》正式生效之前，所以上述案件一审及二审法院对于携程是否构成大数据"杀熟"没有进行深入的论述，也未要求对携程进行相关证据的取证。

实践中，由于《个人信息保护法》采用的是过错推定责任的归责原则，要求个人信息处理者在出现纠纷时"自证清白"。这就增加了个人信息处理者被认定为大数据"杀熟"而受到处罚的风险。因此，平台经营者等个人信息处理者应注意遵守法律的要求，将个人信息收集和使用的目的、方式、范围、频率都限于最小必要，并采取对个人信息主体权益影响最小的处理范围，用好全流程存证等合规手段以便自证清白。

## 20. 生物识别、金融账户、行踪轨迹等个人敏感信息有哪些特殊保护要求？

《个人信息保护法》首次在法律上明确了敏感个人信息范畴，在第28条第1款采取概括加列举的定义方式将敏感个人信息界定为"一旦泄露或者非法使用，容易导致自然人的人格尊严受到侵害或者人身、财产安全受到危害的个人信息"，包括但不限于生物识别、宗教信仰、特定身份、医疗健康、金融账户、行踪轨迹以及不满十四周岁未成年人的个人信息等。公安部公布的2021年侵犯公民个人信息犯罪十大典型案例显示，珠海某艺术品策划公司非法从某APP维护人员处购买古董持有人员个人信息200万余条，其中不乏特定身份、金融账户等敏感个人信息，并以协助拍卖古董为名，骗取客户服务费、托管费，非法牟利1.9亿余元，导致受害人遭受巨大财产损失。

因此，敏感个人信息一旦被滥用，其后果极其严重，很有可能危及当事人的人身和财产安全，所以敏感个人信息的流通使用要慎之又慎，牢固坚守"非安全不流通"的原则。具体地，《个人信息保护法》第28条第2款要求"只有在具有特定的目的和充分的必要性，并采取严格保护措施的情形下，个人信息处理者方可处理敏感个人信息"，第29条要求"处理敏感个人信息应当取得个人的单独同意……"由于敏感个人信息可能对个人人身和财产安全产生较为重大的影响，因此需要通过非常鲜明、突出的方式来警示个人，提请个人在认真且慎重地权衡利弊得失后作出同意与否的决定。

根据上述《个人信息保护法》对敏感个人信息的处理要求，必须在流通中严格控制此类信息的具体用途和用量，确保敏感个人信息处理不会侵害当事人利益。从这个角度来讲，通过技术和制度手段既要严格控制敏感个人信息的具体使用目的、方式和次数，又要在使用安全的前提下推动其进入流通使用，是整个社会面临的较为紧迫的现实问题。

## 21.死者或未成年人（儿童）的个人信息可以用来交易吗？

2021年，我国年度死亡人口为1014万人。在网络科技高度发达的今天，大部分自然人一生中每天都会利用即时通信工具与他人进行交流，被各种APP收集行踪轨迹等信息，留下自己的数字足迹。自然人死亡后，就丧失了民事权利能力，但其留下的个人信息数据是否也受到保护？这曾是法学界一个热议的话题，随着《个人信息保护法》出台，这个问题终于有了定论。《个人信息保护法》第49条明确规定"自然人死亡的，其近亲属为了自身的合法、正当利益，可以对死者的相关个人信息行使本章规定的查阅、复制、更正、删除等权利；死者生前另有安排的除外"。该条规定有助于解决现实中日益增多的因自然人去世引发的个人信息纠纷。但从其规定来看，自然人死亡后其近亲属虽然可以针对死者的个人信息行使某些权利，但这些权利范围仅包括查阅、复制、更正、删除等，而非死者的个人信息可以被继承并据此交易。

对于未成年人，因其年龄、智力发展尚未成熟，无法独立实施民事法律行为，《个人信息保护法》也就未成年人个人信息保护提出单独规定，第31条提出要求个人信息处理者处理不满十四周岁未成年人个人信息的，应当取得未成年人的父母或者其他监护人的同意，并制定专门的个人信息处理规则。数据显示，2020年我国未成年网民规模达到1.83亿人，未成年人的互联网普及率达到94.9%，高于全国互联网普及率70.4%。未成年人在发布社交媒体动态、注册游戏账号、上网课等网络活动中，会留下相关的个人信息（如家庭住址、喜好偏好、教育经历等），此类信息极易被网络运营者收集和利用。

特别是未成年人缺少辨别能力，在复杂的互联网世界中更容易陷入圈套，被不法分子骚扰、欺诈、威胁等。据公众号"女童保护"发布的《2021年性侵儿童案例统计及儿童防性侵教育调查报告》，2021年我国曝光性侵儿童案例223起，受害儿童逾569人，其中根据部分地区法院的统计，近年来审理的性侵害儿童案件中，有近三成是被告人利用网络聊天工具结识儿童后实施的。由此可见，未成年人个人信息泄露逐渐成为诈骗、性侵等非法侵害的前置风险，加强未成年人个人信息保护迫在眉睫。因此，个人信息处理者作为信息的持有者，必须更加审慎地处理未成年人的个人信息，用专门的处理规则再筑一道"防火墙"。在实际处理过程中，应严格控制个人信息处理者掌握的未成年人个人信息的用途和用量，避免未成年人个人信息被不法分子滥用，危害儿童健康安全。

## 22.什么是"数字鸿沟"？法律如何保障老年人、残疾人等特殊群体利益？

"数字鸿沟"（Digital Divide）是指拥有信息时代的工具的人以及那些未曾拥有者之间存在的鸿沟，它体现出当代信息技术发展造成的差距现象。随着智能化时代的来临，残疾人、老年人对智能信息化产品与操作出现的"数字鸿沟"越来越大。数据显示，截至

2021年底，我国60岁及以上老年网民规模达1.19亿，占整体网民的比例达11.5%，60岁及以上老年人口互联网普及率达43.2%，这也表明越来越多的老年人已经步入信息化社会。据中国残联最新发布的数据，2021年我国残疾人总人数达8502万人，约占全国人口总数的6%。身体功能的缺陷不仅造成了残障人士与社会之间的壁垒，也让残障人士在使用互联网产品时面临诸多障碍。

因此，社会如何善待数字化时代老年人、残疾人等"弱势群体"，表面上看是技术问题，实则是社会治理精细化的问题，这考验着科技进步如何兼顾社会温度，是人类文明发展现代化的体现。因此，为帮助我国老年人、残疾人等特殊群跨越"数字鸿沟"，我国《数据安全法》在第15条特别强调"国家支持开发利用数据提升公共服务的智能化水平。提供智能化公共服务，应当充分考虑老年人、残疾人的需求，避免对老年人、残疾人的日常生活造成障碍"，体现了我国在发展数字经济过程中对弱势群体的特殊关注。

《数据安全法》出台后，我国各部门不断解决弱势群体在运用智能技术方面遇到的困难。如工业和信息化部继续围绕老年群体特点和需求，指导首批227家网站和手机APP按期完成适老化及无障碍改造评测，聚焦老年人日常生活涉及的出行、就医、消费、文娱、办事等八大类高频事项和服务场景，及时制定落实举措，为老年人融入智能生活提供多途径、多维度、多功能便利化服务。2022年1月29日，中国信息通信研究院发布通告，共有51款生活常用类APP通过适老化及无障碍水平评测（见表3），为老年人、残疾人带来极大便利，并同步上线了"信息无障·爱"小程序，为老年人及残疾人群体提供常用APP的使用教程。

表3　通过适老化及无障碍水平评测APP分类

| 分类 | 适老化及无障碍比例 |
| --- | --- |
| 出行 | 13.73% |
| 就医 | 3.92% |
| 住房 | 3.92% |
| 消费 | 15.69% |
| 文娱 | 23.53% |
| 社交通信 | 9.80% |
| 金融 | 21.57% |
| 办事 | 7.84% |

资料来源：根据中国信息通信研究院资料整理

同样，加强对老年人、残疾人等特定群体的个人信息保护也十分关键。各类APP的适老版和无障碍版，不仅要看操作系统是否专门为老年人、残疾人研发，更要在操作上关注是否涵盖转账、支付等服务的特殊提醒，对一些有潜在风险的消费行为进行特殊提示，如盲人使用软件提示只能靠有限的声音，因此涉及转账支付等情况要对软件进行特别确认。否则这类弱势群体的个人信息一旦遭到泄露，会给不法分子实施诈骗等以可乘之机。总而言之，政府和全社会需要对保护老年人、残疾人等弱势群体个人信息投入更多精力和资源，给予他们更多关注，进一步维护社会平等与和谐。

## 23.从事数据交易中介服务的机构需承担哪些合规义务?

中介服务是一种较为常见的服务类型，比如说找工作的求职网站、房屋交易买卖的房地产中介、股票买卖的券商经纪人等。和这些交易一样，数据交易也离不开数据经纪（撮合数据交易与流通）、数据清洗和整理、数据开发与再加工、数据估值/评级、数据审计和合规服务、数据托管和存储服务、数据抵押登记、数据咨询等中介服务机构。《数据安全法》第33条规定"从事数据交易中介服务的机构提供服务，应当要求数据提供方说明数据来源，审核交易双方的身份，并留存审核、交易记录"。随着数据要素市场的培育和发展，此条规定成为数据交易中介服务机构的合法合规指南。不过，关于对交易双方进行审核的具体内容、形式审核还是实质审核、供需双方的合规风险是否传导到中介机构等内容，还有待立法和司法部门进一步明确。

虽然关于数据交易中介服务机构的管理细则尚未出台，但《数据安全法》已明确对数据交易中介服务机构的违规处罚规则，包括没收违法所得，并处10万元以上100万元以下罚款（没有违法所得或者违法所得不足10万元的）或处违法所得1倍以上10倍以下罚款，并可以责令暂停相关业务、停业整顿、吊销相关业务许可证或者吊销营业执照。除此之外，对直接负责的主管人员和其他直接责任人员处1万元以上10万元以下罚款。致力于从事数据交易中介服务的机构，应提前充分了解这些规定，在从业过程中严格遵守该规定，一方面要求数据提供方说明数据来源，另一方面严格审核交易双方的信息，并留存记录。这样既可以避免行政处罚，也为将来处理纠纷留下证据。

实践中，数据交易中介服务机构管理工作已在推进。据2021年3月新成立的北京国际大数据交易所（以下简称"北数所"）相关负责人介绍，北数所已就数据托管商和数据经纪商模式进行深入研究，并于2021年12月上旬面向全球招募数据托管商和数据经纪商，以期通过经纪机构对受托数据进行标准化清洗和脱敏处理，对数据来源和采集过程进行合法性验证，实现数据的合规存储、授权管理和市场应用。

## 24. 如何更好落实数据分类分级保护制度？

分类分级保护制度是指对数据按照一定标准划分，根据划分结果执行不同的安全等级保护要求。2022年12月，中共中央、国务院《关于构建数据基础制度更好发挥数据要素作用的意见》提出，要在国家数据分类分级保护制度下，推进数据分类分级确权授权使用和市场化流通交易。数据分类有不同的维度，如按照数据主体可划分为个人数据、企业数据、国家机关数据等，不同主体数据适用不同的法律要求；也可按照行业领域划分为金融数据、气象数据、医疗数据等，这匹配我国的数据分行业监管体制。数据分级则一般以数据敏感程度、数据使用危害对数据进行安全分级，如《数据安全法》对重要数据、核心数据等执行更加严格的管理制度，《个人信息保护法》则是对一般个人信息、敏感个人信息提出不同处理要求。

数据的分类分级保护是数据安全治理的基础。数据经过分类分级，可进行更科学更精准的安全保护，避免过度保护低级别数据造成资源浪费，高级别数据保护不足造成数据安全风险。传统的数据分类分级，注重于数据本身信息泄露带来的安全隐患，这种原始数据安全的分类分级只是数据安全的起点。在数据大规模流通后，更好落实数据分类分级保护要求，需更加注重从数据使用结果危害的角度去分类分级。即使数据本身通过"可用不可见"技术实现了信息不泄露，保障了信息安全，但如果被用于非法用途造成社会危害，必须接受严格管控。所以，要构建一套新机制，根据数据参与融合计算得到的结果被用于不同场景的危害性实行分类分级管理。在这种新的数据安全形势下，管控数据参与融合计算的目的、方式和次数（即算法管控）就显得十分重要。

在实践中，分类分级原则上应由中央统筹，以便数据跨地域的流通不因标准不同而产生障碍。各行业不仅要遵循国家法律法规的相关要求，推进数据分类分级保护体系的落地，更加需要结合行业特点，科学合理地厘定级别和类别的层次和界限，为数据安全保护治理的有效实施提供坚实基础。

## 25. 我国数据出境有什么特殊要求？

我国《数据安全法》第11条提出"国家积极开展数据安全治理、数据开发利用等领域的国际交流与合作，参与数据安全相关国际规则和标准的制定，促进数据跨境安全、自由流动"。这彰显出我国在数据领域坚持对外开放与国际合作的基本立场（强调自由流动），又在此过程中对国家安全予以高度关切（强调保障数据安全）。《数据安全法》要求，非经批准，我国境内的组织、个人不得向外国司法或者执法机构提供存储于我国境内的数据，并基于数据分类分级保护制度，将我国数据分为国家核心数据、重要数据和一般数据，分别确立不同级/类数据的出境安全管理规则。

首先，国家核心数据出境必须遵循更严格的审查规则，即《数据安全法》第21条第2款对"关系国家安全、国民经济命脉、重要民生、重大公共利益等"国家核心数据实行"更加严格的管理制度"，依法实施出口管制。其次，重要数据出境需要遵循法律法规确立的出境安全审查规则。依据数据处理主体的不同，将重要数据区分为基础设施运营者收集的关键信息和产生的重要数据和其他数据处理者收集和产生的重要数据。对于前一类重要数据的跨境流动，《数据安全法》第31条规定要依据《网络安全法》进行安全审查，如《网络安全审查办法》要求"掌握超过100万用户个人信息的网络平台运营者赴国外上市，必须向网络安全审查办公室申报网络安全审查"。对于后一类重要数据的跨境流动审查规则，《数据安全法》第31条规定，将由国家网信部门会同国务院有关部门制定。2022年7月国家互联网信息办公室公布《数据出境安全评估办法》，自2022年9月1日起施行。最后，一般数据在遵循平等互惠等原则基础上基本可实现自由流动。《数据安全法》还就数据违法跨境的行为规定了惩罚措施（见表4）。

表4 《数据安全法》规定的违法数据跨境处罚力度

| 处罚原因 | 受罚机构 | 直接负责的主管人员和其他直接责任人员 |
|---|---|---|
| 向境外提供重要数据 | 由有关主管部门责令改正，给予警告，并处10万元以上100万元以下罚款 | 处1万元以上10万元以下罚款 |
| 向境外提供重要数据，情节严重 | 处100万元以上1000万元以下罚款，并可以责令暂停相关业务、停业整顿、吊销相关业务许可证或者吊销营业执照 | 处10万元以上100万元以下罚款 |
| 未经主管机关批准向外国司法或者执法机构提供数据 | 由有关主管部门给予警告，可以并处10万元以上100万元以下罚款 | 处1万元以上10万元以下罚款 |

续表

| 处罚原因 | 受罚机构 | 直接负责的主管人员和其他直接责任人员 |
| --- | --- | --- |
| 未经主管机关批准向外国司法或者执法机构提供数据，造成严重后果 | 处100万元以上500万元以下罚款，并可以责令暂停相关业务、停业整顿、吊销相关业务许可证或者吊销营业执照 | 处5万元以上50万元以下罚款 |

资料来源：作者根据《数据安全法》整理

2022年4月15日，央广网报道国家安全机关破获了《数据安全法》实施以来，首例涉案数据被鉴定为情报的案件。此案中相关涉案人员未申请批准，就私自向境外方非法出售高铁数据，一个月采集信号数据达500个G。直至破案日该项目已实施将近半年，其所采集和传递到境外的数据非常庞大。经调查，这家境外公司长期合作的客户包括某西方大国间谍情报机关、国防军事单位以及多个政府部门。不法分子如果非法利用这些数据故意干扰或恶意攻击我国铁路运营，将对我国铁路安全和乘客生命安全带来重大威胁，直接危及国家安全。

2022年7月，国家互联网信息办公室对滴滴全球股份有限公司依法作出网络安全审查相关行政处罚的决定指出，在网络安全审查中发现，滴滴公司存在严重影响国家安全的数据处理活动，其违法违规运营给国家关键信息基础设施安全和数据安全带来严重安全风险隐患，因此，此次对滴滴公司的网络安全审查相关行政处罚，与一般的行政处罚不同，具有特殊性。滴滴公司违法违规行为情节严重，结合网络安全审查情况，应当予以从严从重处罚。

因此，《数据安全法》出台后，为帮助有数据出境需求的企业解决数据跨境流通中面临的难题，不少新型数据交易机构已经开始提供相关的服务。据报道，2022年4月，由北京国际大数据交易所研发的北京数据托管服务平台已正式投入使用，这是国内首个可支持企业数据跨境流通的数据托管服务平台。该平台以标准统一化、管理高效化、服务定制化为特点，支持提供数据托管、脱敏输出、融合计算、建档备案等服务。

## 26. 为什么说《网络安全法》《数据安全法》《个人信息保护法》是我国数据领域落实总体国家安全观的"三驾马车"？

数字经济时代，数据安全是国家安全的重要组成部分，维护数据安全是顺应时势的必然选择。据统计，2021年全球数据泄露量高达227.7亿条。随着我国数据要素化战略进入实施阶段，数据大规模流通使用显著增加了风险触发点和暴露面。由于数据与国家经济运行、社会治理、公共服务、国防安全等方面密切相关；数据泄露、丢失和滥用将直接威胁国家安全和社会稳定。尤其在地缘政治冲突加剧的大背景下，数据安全已成为各国第一道防线。据悉，俄乌军事行动开始前，便爆发了针对乌克兰政府机构的大规模分布式拒绝服务攻击和数据擦除等恶意软件攻击，导致大量重要数据泄露和丢失。一直以来，我国高度重视数据安全保护工作，在总体国家安全观的指引下，逐步完善数据安全法治版图。

2021年发布的《数据安全法》《个人信息保护法》，与2017年出台的《网络安全法》共同构成了我国数据安全立法的"三驾马车"，使我国数据安全保护要求得到进一步明确。这三部法律有机衔接，共同构筑了数据领域落实总体国家安全观的根本遵循。《网络安全法》是构筑网络安全的基础，强调网络的安全保护，为网络空间的整体安全和有序发展奠定了总基调。《数据安全法》则是搭建数据安全的基石，强调数据安全的保护，尤其注重重要数据和国家核心数据的保护，它所规制的"数据"的载体不仅限于网络。《个人信息保护法》注重个人信息处理准则和保护边界的细化，对个人信息保护的全生命周期作出细致且全面的规定。

总体来说，《网络安全法》、《数据安全法》和《个人信息保护法》搭建了我国数据安全的主要法律架构。三部法律之间既有各自侧重规制的内容，又有交叉。在数据大规模流通时代，相关机构在建立自身数据合规体系时，除了根据自身需求适用相应的规定外，还要关注相关内容的三法联动，以建设具有针对性、融合性，适用于自身业务和管理特点的数据安全合规体系。

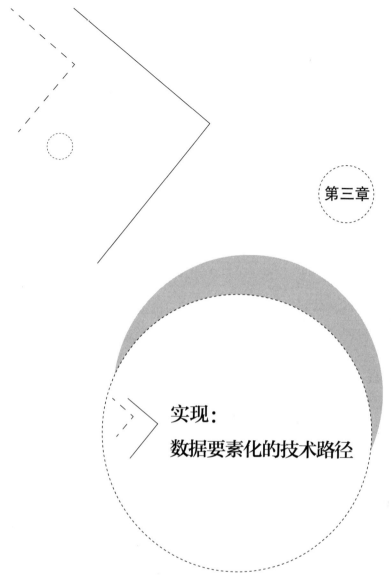

第三章

实现：
数据要素化的技术路径

我在三十多年前，提出了一个观念和解决的方案，叫作多方安全计算。多方安全计算现在是一个非常热门的关键技术，会在金融科技甚至人工智能、医药保护共享数据等方面都是一个关键技术。所以说现在的关键已经成为各国怎样能够把技术落地。我想我们中国也有自己原创的技术。

——姚期智

## 27.技术进步如何赋能我国数据流通?

在数据融合计算需求激增和数据安全保护趋严的背景下，通过技术分离数据的使用价值和信息价值，有效控制数据的实际使用目的、方式和次数，成为数据流通领域最重要的探索方向。在技术支撑下，数据流通的不再是明文数据本身，而是其计算价值。多方数据在流通中，每方都不暴露自己的明文数据，只把计算结果给到需求方，成为数据大规模流通的主要形式。

这个过程用到的技术叫作隐私保护计算技术（Privacy-Preserving Computation Technologies，业内有时也简称隐私计算技术，国外有隐私增强技术-Privacy-Enhancing Technologies的类似说法）。它是一类技术的统称，主要保证多个数据控制方在数据融合使用的过程中，不泄露各自的数据。这类技术主要包括多方安全计算（Multi-Party Computation，MPC）、同态加密（Homomorphic Encryption，HE）、可信执行环境（Trusted Execution Environment，TEE）、联邦学习（Federated Learning，FL）、差分隐私（Differential Privacy，DP）和数据脱敏（Data Masking，DM）等。隐私保护计算通常被冠以能够实现"数据可用不可见"的称号，解决数据流通信息暴露的第一大难题。同时，随着现代密码学和现代计算机技术不断发展，隐私保护计算也会结合智能合约和区块链等技术，有效控制数据的使用目的、方式和次数，从而解决数据流通中的"不可控"第二大难题。因此，可以说，技术的不断进步使得我国数据大规模流通成为可能。

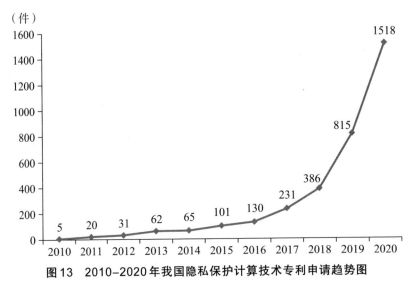

**图13　2010-2020年我国隐私保护计算技术专利申请趋势图**

注：专利数据来源于智慧芽（https：//analytics.zhihuiya.com/）的专利检索全球数据库

目前，隐私保护计算技术在我国正加速商业化落地。2017-2020年间，我国相关专利申请数量由231件增长至1518件（见图13）。权威咨询机构高德纳公司（Gartner）2021年、2022年连续两年在其发布的《重要战略科技趋势》报告中提出，隐私保护计算技术将成为未来科技发展主要趋势之一，并预测到2025年，全球60%的大型企业机构将使用一种或多种隐私保护计算技术。我国隐私保护计算技术正不断克服技术、研发、产品、部署等诸多挑战，并已在政务、金融、电信、医疗等多个领域落地。在可预见的未来，隐私保护计算技术将与人工智能、大数据、区块链、云计算等其他数字技术有机结合，更安全和高效地推动数据大规模流通。

另外，智能合约技术和区块链技术得到迅速普及，其被纳入隐私保护计算体系，使得数据流通可控成为可能。其中，智能合约技术是用计算机语言取代了法律语言记录条款，并由程序自动执行的合约，具有数字化、可机读等特点，但无法防篡改。而智能合约与区块链技术相结合，能够实现合约内容公开透明且不可篡改，且链上参与方的全流程行为可存证，形成了一套任务可约定、行为可审计、责任可追溯的机制。这些技术与隐私保护计算技术相结合，有效解决了后者存在的数据难验证、多方难互信、多方协作难等问题，从而促进可验证、可溯源、安全、高效的数据流通。

## 28. 数据安全保护需要什么样的信任基础？

一般谈到数据安全时，大家首先想到的是确保数据不发生泄露，却往往忽略了实现安全的信任前提（也叫作安全假设），即由"谁"和用什么方法来实现和保障数据安全的问题。因为数据安全并非是绝对的，而是相对的，保障数据安全往往需要在某些前提假设下进行论证，这个前提假设通常就是我们的信任基础。比如说，人们一般将价值千万的金条存放在家里坚固的保险箱中，这些金条的安全状态是因为人们相信（或依赖）了以下两个前提：一是家里不会被匪盗闯入；二是即使来了匪盗其也无法打开保险箱，或无法带走保险箱。因此金条安全是建立在家里的门锁安全、保险箱安全等信任前提上的。

数据安全的信任基础一般可分为相信"人"或者相信"技术"。一方面，从信任"人"的角度来看，主要可以分为以下几类：一是可以信任人性，即相信拿到数据的一方不会坑害我们，更不会用数据去从事非法活动；二是信任法制和律师，相信若发生数据泄露和滥用事件，我们可以起诉对方并申请相应赔偿；三是可以信任管理，比如聘请管理能力强的团队专门看管，凭借他们的专业管理能力实现数据安全。另一方面，从信任"技术"的角度来看，所有的技术也是有信任基础的。目前隐私保护计算技术保障数据安全的信任基础主要有信任硬件的技术、信任密码学的技术、信任统计原理的技术和信任去标识化等技术。如果我们选择用隐私保护计算技术实现数据安全，就必须充分认识和理解这些技术分别有着完全不同的信任基础（密码学上也称安全假设）。当然，这些技术的信任基础若出现问题，则很可能引起安全事件，比如某个参与方修改了隐私保护计算的程序代码，导致隐私数据泄露。当这些信任基础明确后，也就有了针对这些意外问题的应对措施，比如诉之于监督举证，在风险事件发生后进行有效追责，最终由社会的法制体系为我们提供安全保障。

因此，数据安全的信任前提和假设是值得深入、广泛、充分讨论的关键问题，尤其是通过技术实现数据安全，绝不能"犹抱琵琶半遮面"，对关键的信任基础避而不谈。基于不明确或不清晰的前提假设的数据安全恰恰是更危险的。

## 29.隐私保护计算保护的是什么？这类技术主要有哪些?

隐私保护计算技术一词最初诞生时和法律相关。1995 年，加拿大隐私专员 Ann Cavoukian 与荷兰数据保护局联合小组在他们共同发表的《隐私增强技术：匿名之路》中首次提出隐私增强技术的理念，并将它描述为一系列通过最小化或去除可识别信息的方式，来保护个人隐私的身份保护技术，例如涉及数字签名、盲签名、假名化及被信任第三方等的密码技术。这里的隐私指法律意义上不得受到侵犯的人格，更多指向自然人的"私人生活安宁和不愿为他人知晓的私密空间、私密活动、私密信息"。

随着近年来数据流通的需求与日俱增，数据安全保护的范畴不断拓展，隐私保护计算技术的内涵和外延发生了显著的变化。在新的隐私保护计算概念里，"隐私"更多指数据持有方不愿公之于众、他人无权过问且无权知晓的信息，即"数据隐私"。它比一般法律意义上的"隐私"范围更广。这里的数据持有方既可能是自然人，也可能包括法人、组织、政府机关，甚至是代表社会公共利益的国家。在当下这种隐私保护计算技术中，既有较传统的技术如数据脱敏，也有基于密码学、基于统计学和基于硬件等新兴的隐私保护计算技术。这些技术的原理和安全性基础各有不同，大致按照如下方法分类（见图14）：

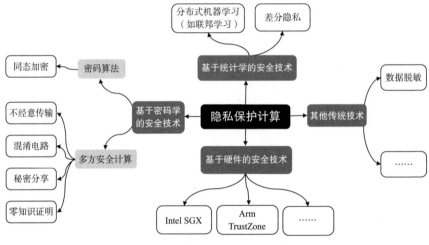

**图14 隐私保护计算技术流派**

资料来源：作者自制

除去传统的数据脱敏外，目前广受关注的隐私保护计算技术主要可分为三类：一是基于密码学的安全技术，典型代表包括多方安全计算和同态加密技术，这类技术的安全性基于对密码学的信任。前者包括不经意传输（Oblivious Transfer，OT）、混淆电路（Garbled Circuit，GC）、秘密分享（Secret Sharing，SS）、零知识证明（Zero-Knowledge Proof，ZKP）等一系列基于密码学协议实现的技术，后者属于一种密码算法。二是基于统计学的安全技术，典型代表包括差分隐私和联邦学习。这类技术的安全性基于对统计学的信任，通过传递依据原始数据转化形成的统计结果来保护原始数据隐私。三是基于硬件的安全技术，这类技术的安全性依赖于对硬件厂商和其工程实现的信任。典型的此类技术是被信任执行环境（通常被翻译为"可信执行环境"）。这类技术较具代表性的成熟产品大多来自境外，如美国英特尔公司（Intel）的SGX（Software Guard Extension）和英国安谋公司（ARM）的TrustZone，我国一些芯片厂商近年来也相继推出自己的可信执行环境技术方案，并不断尝试落地应用。

## 30.什么是著名的百万富翁问题？从它开始创立的多方安全计算和传统的加密算法有什么区别？

百万富翁问题是我国姚期智院士于1982年提出的一个学术问题，因其开启了多方安全计算这个新的现代密码学领域而著名。这个故事基于这样一个场景：Alice和Bob是两个百万富翁，有一天他们在街头相遇，想要知道谁更富有，但又不想让对方知道自己的财富数目。同时，他们也不信赖任何第三方，不想把自己的财富数目告诉任何人。如何在这种情况下比较出两人谁更有钱呢？这便是著名的百万富翁问题。其求解可简单示意如下：

假设Alice的财富数目为400万，Bob的财富数目为600万，双方决定在不暴露各自财富数目前提下比比谁更有钱。这时，双方先准备好10张卡片，并假设卡片1—10依次代表100万、200万……1000万。注意，这些卡片依次排列，但是没有编号记录，没有金额标示，所以实际上每张卡片看起来是完全一样的。

首先，Bob背过身去，在他看不到Alice的操作情况下，由Alice在每张卡片上依据自己的财富数目做标记，在低于其财富数目的卡片上画"〇"，在等于其财富数目的卡片上画"✓"，在高于其财富数目的卡片上画"✕"。标记完毕后，Alice将所有卡片翻面，并让自己转过身去保证看不到Bob接下来的操作（见图15）当然，Bob也看不到Alice在卡片上的标记。

图15　百万富翁问题的直观求解：第一步

随后，Bob用同样的方法在卡片上做标记，完成后仅保留他画有"✓"的卡片，并把其他卡片立刻销毁（见图16）。

**图16　百万富翁问题的直观求解：第二步**

　　最后，Bob让Alice转过身来。在两人一致同意下，将Bob标有"✓"的卡片翻过来看，这时两人就知道谁更有钱了。在这个例子中，由于Alice在Bob标有"✓"的卡片上的记号为"×"，因此Alice和Bob就知道了Alice的财富数目低于Bob。如图17所示：

**图17　百万富翁问题的直观求解：第三步**

资料来源：作者自制

可以看到，Alice和Bob在全程中没有泄露任何关于其财富的信息，仅通过应用"○""✓"和"×"这些符号就能够比较谁更富有。

1986年，姚院士针对百万富翁问题给出了上述例子所述的基于混淆电路的解决方案，并从数学上证明了所有的明文计算都可以通过密文计算实现，并得到和明文计算完全相同的计算结果。从此之后，多方安全计算理论经众多学者的出色研究，逐渐发展成现代密码学的重要分支，并在数据融合计算和数据安全保护并重的数据流通需求和趋势下，引起业界的广泛关注。

## 小贴士3

### Alice 与 Bob

Alice和Bob堪称密码学领域的"学术情侣"，因为在密码学领域，凡是以故事场景举例子，Alice和Bob都会被选为主人公，而且都是成对出现。他们其实源自密码学领域1978年的一篇经典文献（三名密码学家Ron Rivest、Adi Shamir、Leonard Adleman在该文中发明了至今仍被广泛使用的RSA加密算法）。为了避免以A或B举例带来的枯燥感，他们创造了Alice和Bob两个主人公，结果大受密码学家欢迎，以至于后来的大多数文献都沿用了这个惯例。

多方安全计算技术虽然是一种密码学技术，但它和传统加密算法有着本质的区别。典型的传统加密算法包括对称加密、非对称加密、哈希算法等，这类算法采用数学和信息学方法，对传输、存储环节中的静态数据进行加密保护，不持有"密钥"的一方无法对加密的数据进行使用和展示。所以这类加密算法的核心是把数据安全地"藏"起来。因此，如果要让数据参与计算并得到应用，这类算法需要在计算前先对数据进行解密处理，这便无法保护数据在计算环节的隐私安全。打个比方，传统加密算法类似一个保险箱，它仅能用把数据放进去并锁起来的这种方法在静态时保护数据安全。在计算时，传统加密算法需要把数据从保险箱里拿出来（解密）；这个过程无疑会暴露数据的明文信息。这样使得数据的安全性依赖于对系统管理员（保险箱管理员）以及计算硬件平台和操作系统（保险箱本身）的信任（见图18左侧）。

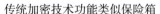

传统加密技术功能类似保险箱　　　　多方安全计算技术功能类似操作暗箱

**图18　传统加密技术和多方安全计算技术的区别**

资料来源：作者自制

与传统加密技术不同，多方安全计算技术能够让数据在密文状态下（不解密）直接进行计算，并且还能够保证计算结果的精准度（和明文计算结果完全相同）。因此，我们可将多方安全计算技术类比为一个安全操作暗箱（见图18右侧），这个安全操作暗箱是一个不能打开但又能让里面的数据进行各种计算的安全环境，并且其无须依赖对硬件平台和操作系统的信任。从这个角度讲，多方安全计算同样作为一种密码学技术，它在计算环节中的使用功能和安全性大大优于传统的加密技术。正是多方安全计算技术在安全性和准确性方面的优势，使它越来越受到金融、医疗及通信等高敏感度数据密集型行业的重视，并不断实现工程化突破，持续在实践中落地应用。

## 31. 为什么40年前提出的多方安全计算理论近几年才实现工程化落地？

回顾人类历史上众多理论和技术的应用历程可知，大部分新技术从理论提出到工程化落地往往需要漫长的历程。在这个过程中，市场需求、技术攻坚、条件成熟度等往往是必不可少的驱动因素。多方安全计算技术的应用也遵循着这样的规律。虽然早在1982年多方安全计算理论就被提出，但当时互联网、大数据、人工智能等技术尚未广泛应用，数据的主要使用者仍然是人本身，市场也没有现代计算机框架下的数据融合计算和数据隐私保护需求。另外，长期以来多方安全计算技术由于涉及密文计算和通信，在性能方面有较大损失（从百万富翁问题的求解例子中，我们能看到基于密文比较财富数目比基于明文直接比较多了很多环节），其耗时为明文计算的10万–100万倍。这也是它未被大规模应用的主要原因之一。

近年来，随着互联网、大数据、人工智能等技术的发展成熟和广泛应用，各行业逐渐认识到数据融合计算的潜在价值，相关需求快速爆发。在数据应用促进各行业发展提质增效的同时，数据泄露及滥用事件也层出不穷。据不完全统计，2018年至2020年间全球数据泄露事件数量逐年上升，每年分别达2013起、3950起和5258起，后两年分别增长96%和33%。在此背景下，为解决数据共享与保障数据安全这一难题，市场对多方安全计算技术投入实际应用的需求呈爆发式增长。

在旺盛的需求驱动下，众多研究人员及工程师投入多方安全计算技术领域持续攻坚，终于使其计算性能取得了突破性进展。近年来，多方安全计算的性能耗费已从明文的10万–100万倍降低到了目前的10–100倍（个别运算可在10倍以内），实用性大大增强，使它成功走出了实验室并实现工程化落地，为下阶段投入大规模市场应用奠定了基础。目前，诸多技术厂商、学者及工程师仍在不断围绕密码学基础理论、底层协议、分布式计算、系统、算法、编译、芯片以及软硬件结合等，全方位推进多方安全计算技术的性能攻坚，为下阶段更好地服务高安全性要求的场景夯实基础。

除底层技术本身的创新突破外，多方安全计算技术在落地过程中的进步亦体现在算力、系统及架构等工程化创新方面。例如，国内某金融机构已经在它们的生产环境中部署了多方安全计算平台，实现了集团内部机构间数据安全融合计算应用。该平台在依托密码协议及算法等数据安全性保障的基础之上，针对银行系统环境进行了重新设计和适配，形成了具有业务场景灵活通用、数据规模和算力易扩展、计算高性能和高可用等特点的通用型数据流通基础设施平台，推动了多方安全计算技术在金融行业的真正落地使用。这个平台实现了千万级数据秒级联合统计和隐匿查询，以及分钟级联合建模，可平滑扩展到亿级数据的多方安全计算；高可用实现了同城跨机房负载均衡双活部署，一旦机房和服务器故障，业务可自动无缝切换。

## 32. 如何理解联邦学习是一种人工智能技术？它真的能做到"数据不动"吗？

联邦学习是一种分布式机器学习框架，它能够让多个参与方在各自原始数据不出本地的情况下，通过交换每轮迭代出的参数或梯度等中间计算结果，不断更新全局模型，从而实现联合建模。联邦学习的安全性就基于对这种中间结果不暴露原始数据的信任，其兴起于Google公司在2016年为了保护用户数据隐私而提出的不集中用户数据情况下，协同训练Gboard系统输入预测模型的方案。自Google提出联邦学习方案后，众多学者相继探索了联邦学习结合其他隐私保护计算技术的应用。本质上而言，联邦学习创立的初衷是在各方原始数据不离开本地的情况下，实现多方联合建模，其实际上是隶属于人工智能领域的一种分布式建模方法。

**小贴士 4**

### 联邦学习的内涵和外延

事实上，全球对于联邦学习所属范畴尚无定论。例如，联合国大数据工作组以及欧盟网络安全局仅将基于密码学的技术、可信执行环境及差分隐私等列为隐私保护计算技术，未包含联邦学习；而高德纳及德勤等咨询机构，则将联邦学习也纳入了隐私保护计算技术范畴。

有一种比喻将联邦学习类比为"羊吃草"，其中羊为模型，草为各参与方的原始数据。在传统的数据集中式联合建模框架下，各数据源需将数据送至中心供模型训练（即给羊送草），如图19左侧所示。在联邦学习模式下，模型只汇聚各参与方的中间计算结果（即羊去各个草坪吃草），各方原始数据（草本身）留在本地，如图19右侧所示。

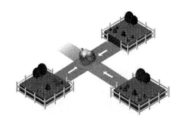 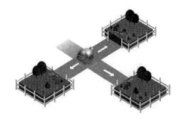

传统的数据集中式联合建模　　　　　联邦学习模式下的联合建模

**图19　传统联合建模和基于联邦学习的联合建模**

*资料来源：杨强，第二届智能数据和区块链应用国际研讨会，《用户隐私，数据孤岛和联邦学习》*

众所周知，机器学习一般需要多轮迭代才能获得最终的准确模型。这意味着羊需要在各个草坪间反复吃草，使得模型不断优化。这个过程中羊本身发生了变化，这种变化被各个草坪所感知。因此随之而来的问题便是，联邦学习中交换的中间计算结果真的不会暴露任何原始数据信息吗？答案是否定的。已有研究证明，联邦学习交换的中间计算结果能够被用来反推出参与方的原始数据信息，甚至完全恢复出参与方的原始数据。因此，联邦学习一旦被恶意参与方利用，其将带来数据安全风险问题——这些参与者可根据暴露的中间结果及其差异性去推算其他参与方的原始数据信息。所以，严格来讲，联邦学习能够实现的只是看似"原始数据不动"，并不能真正实现"原始数据不动"，只不过"动"的方式比较隐蔽。

从联合建模的场景需求来看，联邦学习一般可划分为三类：一是横向联邦学习，适用于用户重叠少，但用户特征重叠多的场景（如上述谷歌的Gboard案例，每个参与方均为不同的用户，但各自特征维度相同）。二是纵向联邦学习，适用于用户重叠多，但用户特征重叠少的场景，也是我国目前探索最多的类型（如在一个区域的商店和银行，拥有相同或类似的客户群体，但商店拥有的是每个客户的消费行为特征，而银行拥有的是每个客户金融资产、信用等特征）。三是迁移学习，适用于用户及用户特征均重叠少、却又需要联合建模挖掘数据价值的场景。

## 33.多方安全计算和联邦学习在数据使用的安全可控方面有何区别？

多方安全计算和联邦学习的本质区别在于其安全性有很大差异，这是基于它们所信任的方法原理不同。

多方安全计算是一种密码技术，其安全性和准确性有密码学领域的严格证明。首先，多方安全计算的安全性基于对密码学的信任，其特点是不信任硬件、不信任软件、不信任人，在计算过程中可保障原始数据的任何信息均不被泄露或滥用，真正实现数据"不可见"。其次，多方安全计算的准确性具有密码学证明，即基于密文的计算结果与明文计算结果相同，能够保障计算精度无损，真正实现数据的"可用"。因此，在实践中多方安全计算可结合合约及存证等机制，实现真正意义上的数据使用可控。

和多方安全计算不同，联邦学习的安全性并无严格的理论证明。联邦学习的安全隐患可分为两个层面，一是交换中间计算结果的安全隐患。联邦学习交换的中间计算结果会泄露大量统计信息，其危害取决于具体场景，难以统一而论。实践中往往有大量的统计信息需要被保护，例如某企业的平均薪资水平、订单数，某金融机构的投资总额等。而联邦学习一旦泄露这类需要保护的统计信息，可能会造成预料之外的危害。二是纵向联邦学习存在暴露双方数据交集的安全隐患。我国目前联邦学习实践探索主要是纵向联邦学习，其第一步就需要隐私集合求交，即通过两个参与方的样本对齐来减少加密数据量、提升计算效率。以大型互联网平台和中小金融机构联合建模为例，这种方式使得拥有大量用户样本的互联网平台通过这种方法就可获得中小金融机构的客户及标签，后续可自行对这些客户群体进行精准营销等。中小金融机构在这种联邦学习应用过程中反而泄露了自身的客户信息。因此，联邦学习由于不可避免地会暴露一些数据信息，无法真正实现"数据可用不可见"，会对数据的使用控制引致不可预知的风险。

## 34.为什么说可信执行环境实际上是"被信任"的技术方案?

　　可信执行环境是基于硬件机制的物理隔离，用硬件来保障数据安全性和计算完整性，因此该技术实现的数据安全建立在对硬件安全的信任上。可信执行环境的发展最早可追溯到2003年，英国的ARM公司为了增强移动设备运行环境的安全性，在其应用架构中首次引入了Trust-Zone技术，该技术现已演变为全球主流可信执行环境产品之一。通俗来讲，可信执行环境是一个安全的计算区域。在该区域中，得到"通行证"的程序代码是被信任的应用程序（Trusted Application，TA），可被执行。各参与方的数据以加密形式进入可信执行环境后，被解密为明文进行计算。这种硬件隔离保证了环境内部的明文数据安全性以及计算结果准确性，但计算性能由于容量限制、数据加解密过程而有一定损耗。

　　可信执行环境虽然能为数据提供强大的硬件安全容器，但它的安全性和可控性仍有待进一步论证。其英文名称中的"trusted"其实是"被信任"的意思，并非真正意义上的"可信"（trustworthy）。其隐含意思是，该技术安全的信任主要建立在对硬件提供商的信任基础上。因此，虽然可信执行环境中运行的受信任的应用程序都是可信应用，原则上能确保数据授权使用（即数据用途可控），但硬件厂商是否能被信任，则取决于具体实际情况。目前，我国一些科技企业的隐私保护计算产品采用了境外厂商提供的可信执行环境产品［主要是美国英特尔公司（Intel）的SGX和英国安谋公司（ARM）的TrustZone］，信任根（密码系统中始终可以信任的来源）来自这些境外技术厂商，其安全性和自主可控性尚不明晰。另外，可信执行环境及其应用程序的运行需要获得硬件提供商或者平台运营方的远程认证和授权，这也给应用带来了限制。进一步讲，若可信执行环境的软件架构设计存在缺陷，将会导致严重的数据泄露风险。已有研究发现SGX存在软件接口风险，使得攻击者无需权限即可绕过严密封锁，获取存储在SGX的核心敏感数据。

在近年来国际形势不断变化的影响下，要采用可信执行环境技术实现数据大规模流通，关键在于推动相关技术的自主可控以及可商业化落地的技术研发攻坚。在此背景下，我国对自主研发的技术产品需求迅速增长，一些芯片厂商经过持续研发，相继推出了自己的可信执行环境技术方案。整体来看，国产可信执行环境产品的成熟度尚不及海外同行，未来这些产品将在落地应用中得到不断打磨，同时厂商将继续投入相关技术的性能与可靠性攻坚，推动我国可信硬件产品的成熟度升级。

## 35.数据脱敏之后真的变得不敏感了吗?

顾名思义，数据脱敏是指将数据中的敏感信息"脱掉"从而保护数据隐私的技术。从技术原理来讲，数据脱敏其实是对敏感信息实施不可逆的数学变换，消除其在原始环境中的敏感性，并保留目标环境所需的数据信息或内容。这种技术的安全性是基于对这种不可逆的数学变化的信任，以及相信"脱掉"敏感信息后的数据不会被滥用。数据脱敏常见的实现路径包括遮盖、泛化、替换等。当前，数据脱敏技术主要被广泛应用于政务、金融、电信、互联网等需要大量存储和使用个人信息的领域。高德纳（Gartner）2019年发布的《数据脱敏市场指南》指出，2017年全球范围内使用数据脱敏或其他类似去标识化技术的企业占比为15%，在2018年这一比例增加到了20%，预计2022年将达到50%。

数据脱敏在我们日常生活中也较为常见。比如我们的姓名、身份证号及手机号等信息在网络平台上出现时经常被隐去部分字段，均属于数据脱敏。以姓名和身份证号为例，通过隐去姓名和身份证号的某些字段来保护信息主体隐私的操作见表5。

**表5　身份证号及姓名数据脱敏示例**

| | 姓名 | 身份证号 | 年龄 | 月薪 |
|---|---|---|---|---|
| 数据原文 | 李小华 | 6222020200225594689 | 32 | 21000 |
| 脱敏处理 | 李** | 6222***********4689 | 32 | 21000 |

资料来源：作者自制

和其他隐私保护计算技术相比，数据脱敏的实现相对简单，且计算效率高，但其在数据可用性和可控性方面的局限较大。可用性方面，数据脱敏技术往往需要根据需求场景进行定制。一般性的数据脱敏方法不可逆，要么可能因为信息损失过多变得不可用，要么容易受到各种侧信道攻击或者撞库攻击造成脱敏信息被恢复，即数据脱敏存在典型的"鱼与熊掌不可兼得"困境；"脱"多了会影响数据的使用价值，"脱"少了可能会暴露数据隐私影响安全。可控性方面，脱敏后的数据一旦对外提供，就无法限定其用途，依然存在被再次传播和使用的可能。据权威机构统计，在美国使用邮编、性别、出生日期等脱敏信息关联，有81%的概率可以唯一识别出对应的美国公民。

由此可见，数据脱敏在技术上存在安全风险。依托数据脱敏技术保障数据安全，实际上涉及对人的信任，即相信数据的使用方遵守制度规则，不会将拿到的脱敏数据用作他途（如关联多方来恢复原始数据）。但是，由于脱敏后的数据以明文方式进行流通，其使用不受限制，至于拿到它的人是否会进行恢复原始数据的操作，其实是在制度制定者掌控范围之外，即该技术的信任基础易被打破。从这个角度来说，批准数据脱敏后可以使用的制度规则制定者（如数据监管机构等）实际上代替技术方、数据主体承担了应用该技术可能引致的所有数据泄露风险。因此，政策制定者不应忽略这种责任。

## 36.差分隐私真的可以把数据隐私信息差分（掩盖）掉吗？

差分隐私是Dwork于2006年针对统计数据库的隐私泄露问题提出的一种隐私保护方法。其通过加噪声的方式对个体隐私信息进行保护，从而实现统计意义上的保密，因此其安全性依赖于对统计方法的信任。当前，有很多厂商用差分隐私技术来保护用户在手机设备上的隐私信息，涵盖APP个人喜好分析推荐等场景。例如2019年，华为将差分隐私技术应用到华为音乐的"统计分析场景"，以改进华为音乐的相关服务，攻击者无法基于通过差分隐私技术处理的数据来推测用户的真实数据。

此处应用一个示例来阐述差分隐私的工作原理。假设某查询者需要了解某医院人群中患有某种疾病人群的比例，但医院不想让查询者知道到底是谁感染了这种疾病，查询者又知道到底是哪些人去了医院。第一天，查询者知道现有人群中患有该疾病的比例为25%。第二天，医院新接诊了一位该疾病患者Bob后，假设查询者知道这天只有Bob去了这家医院，那么查询者根据新的比例数值（上升至25.5%）就可推断出Bob这个人感染了该疾病。这种方式下，Bob患病的隐私信息就被暴露了（见图20）。

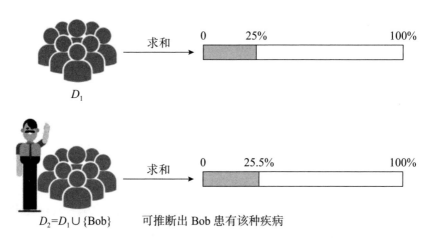

$D_1$

$D_2=D_1 \cup \{Bob\}$    可推断出 Bob 患有该种疾病

**图20 不使用差分隐私的统计查询将暴露个人隐私信息**

资料来源：作者自制

因此，为了保护Bob是否患有该种疾病的隐私，医院决定对患病比例这一计算结果采用差分隐私技术进行处理，即加入随机噪声，使得计算结果模糊化，提升查询者推断到底是谁患有该疾病的难度。具体地，比如医院对第一天的查询返回结果25.35%，第二天的查询返回结果25.30%（随机噪声使得结果在真实值附近波动）。这样在加入差分隐私后，查询者看到两天的结果几乎没有差异，就无法根据两个患病比例数据判断Bob是否得了这种疾病，从而有效保护了新患者Bob的个人隐私（见图21）。

▪计算结果增加随机噪声

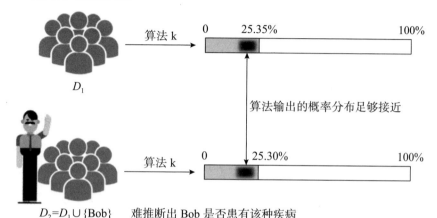

**图21　使用差分隐私的统计查询可保护个人隐私信息**

资料来源：作者自制

　　从上述例子可见，差分隐私虽能够有效保护新患者的病情隐私，但其风险在于，加入噪声会降低查询及统计结果的准确度，导致数据可用性急剧下降。特别是对于复杂的查询，随机化结果有时会掩盖真实结果（如上例，其实第二天医院患者的犯病率是增加了，但是加了差分后的结果查询者看不出来），因此数据安全性和结果准确性此消彼长。更为严重的是，随着运算次数的增加，不同数据集上统计结果的差别会越来越显著，导致数据隐私泄露的风险增加。比如上面的查询者若重复多轮查询操作，则大概率可以推断出Bob患有该疾病。

## 37.同态加密的"同态"指什么？它能让秘密数据发挥作用吗？

同态加密是一类密码算法，由Rivest等学者于1978年提出。其中，"同态"一词本来是指抽象代数中，两个代数结构（例如群、环或者向量空间）之间保持结构不变的映射。密码学家借鉴这个定义，用同态加密来指数据在密文上进行运算后的结果被解密后得到的数据，和在明文上进行同样运算的结果一致，即"明文→加密→计算→解密"和"明文→计算"两种计算结果一致，表示了这种密文计算的同态性。与传统加密技术不同的是，同态加密能够对密文数据进行计算之后再解密，因此密文计算过程无须密钥持有方参与。基于此，同态加密相对秘密分享、混淆电路等多方安全计算方法省去了计算过程中的通信代价。然而，同态加密依赖的底层算子对算力要求较高，计算较慢，因此其性能攻坚一直以来尚未取得显著进展，目前耗时仍为明文计算的几千至几万倍。

同态加密算法包括加法同态和乘法同态。加法同态就是基于密文做加法计算后解密，和明文加法计算的结果相同；乘法同态就是基于密文做乘法计算后解密，和明文乘法计算的结果相同。此处以加法运算为例，简要阐述同态加密的原理。假设Alice在某银行和某基金公司存有资产分别为30万元和70万元，她在证券公司购买资产管理产品时，证券公司需要核验Alice的真实资产总额。但由于金融资

产信息是敏感个人信息，银行和基金公司不能将相关资产数据直接
共享至证券公司。如果应用同态加密技术，这一问题则可这样解决：
首先，银行将Alice的30万元资产数额应用密钥（公钥）加密；同时，
基金公司将Alice的70万元资产数额应用密钥（公钥）加密。随后，
银行和基金公司分别将其加密后的密文数据传输至一个中间计算平
台并相加。最后，相加后的结果传输至证券公司，证券公司应用密
钥（私钥）进行解密，获得Alice的资产总额为100万元，但是并不
知道Alice的银行存款是多少、基金余额是多少。上述过程具体如图
22所示。

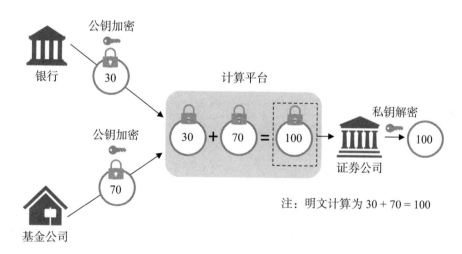

**图22　基于同态加密的加法运算示意图**

**小贴士5**

## 公钥和私钥

公钥和私钥是密码学发展到非对称加密阶段的产物。公钥指公开的钥匙，其作用是大家可基于公钥，给公钥生成人发送加密信息，但是这个钥匙并不能解开加密过的信息。和公钥相对应，私钥是不公开的钥匙，但可以解开用公钥加密过的数据。所以，保证私钥安全特别重要，同态加密的安全性也是基于对这种私钥安全的信任。

同态加密作为一种加解密技术能够实现"数据可用不可见"，其密钥的使用和管理至关重要。首先，同态加密中的计算执行方和结果使用方不能是同一个主体。从上述例子可以看出，证券公司作为结果使用方，持有私钥既能够对结果解密也能对输入数据解密，因此它不能作为计算执行方。其次，倘若证券公司的私钥受到恶意攻击，攻击者所拿到的密文数据将被解密，引致数据泄露风险。例如，攻击者能够对密码设备进行侧信道攻击，从而恢复敏感参数或密钥信息，对被保护的数据进行攻击。因此，防御此类攻击需要弱化或消除这种侧信道信息与密钥之间的关联性，让攻击者难以通过侧信道信息恢复敏感参数和密钥信息。

另外，从数据使用可控性的角度看，上述同态加密的使用方式是将多方数据的密文汇聚到一方进行密态运算，这会导致数据使用可控性存在缺陷：如果该数据汇聚方对密态数据进行了其他运算（而不仅仅是上述例子中的加法），则其他参与方根本无法察觉。究其原因在于其单方掌握了计算所需的全量信息，其对数据的使用情况在技术上缺少其他参与方的监督。因此增加对这种使用方式可控性的思路是，增加密文计算的参与方，或者在密文计算时增加第三方监管。

## 38. 去标识化和匿名化的含义是什么？数据流通中使用这类技术还应注意什么？

有一类数据隐私保护需求是把某个个体在群体里面隐藏起来，这个个体可以是自然人、机构或者国家。去标识化（De-identification）和匿名化（Anonymization）在此基础上应运而生，它们通过消除单一个体与存储数据集联系起来的标识符，保护个体敏感信息，二者的主要区别在于个体信息处理后的可识别难度。目前，各国对去标识化、匿名化等相关术语定义多有出入，宽严不一，但主要皆聚焦于信息能否"识别出特定主体"，其根本目的是通过将特定个体"埋没"于群体中，在"统计学意义上"保障个体隐私。

一般而言，去标识化是从数据集中删除标识个体信息的过程，如我们在日常生活中用于唯一识别我们自己的个人信息包括姓名、电话号码、电子邮件地址等，那么去标识化就是简单地将这些能够识别到特定个体的信息删除，是一种较为简单的技术处理。去标识化得到的结果依然存在较大的隐私风险，如在遭受链接攻击时，很可能被重新识别到个人信息主体。想象一个场景，如何从去标识化的收入数据集中知晓一个人的工资。假设数据集中已经将这个人的名字删除，但碰巧攻击者知道一些关于这个人的辅助信息，比如张三的出生日期。那么从一张含有每个人出生日期的工资统计表中，攻击者就极易将张三个体识别出来，并知晓其工资信息。

为了加强个体信息识别的难度，业界开始探索个人信息匿名化的实现。匿名化模型的起点可以追溯至1997年美国Samarati和Sweeney提出的k-匿名模型，其要求除敏感信息外，任何一列其他信息都有k个相同值。因此，对于任意一条记录的攻击，会同时关联到相等集中的其他k-1条记录，这使得攻击者无法确定某个个体具体的敏感信息。但遗憾的是，这种k-匿名的技术安全性并没有理论上的证明。其中典型的案例是Netflix公司和得克萨斯州研究人员就一个公开数据集的较量。2006年，美国Netflix公司为了得到更好的推荐算法举办了一场算法大赛，并公开了一批匿名处理的数据允许参赛团队使用。然而，数据集仅仅发布16天之后，两位得克萨斯州大学奥斯汀分校的研究人员就声称其通过将这些公开数据集与另一个网站互联网电影数据库（Internet Movie Database，IMDb）进行交叉比对，能够确定一定比例用户的身份，并识别出了其中几名用户的身份。最终 Netflix 公司也因此取消了举办第二场比赛的计划。

后来，匿名化也逐步发展出许多其他的解决方案。总体来看，实现匿名化和去标识化的相关技术都仅注重于保护个体的身份信息，这是因为两个概念产生的历史背景，两个概念都诞生于单方数据处理者居多的时代，因此在如今的数据大规模流通时代具有一定的局限性。从"数据可用不可见"的实现效果看，匿名化和去标识化的目标是让个人身份无法被识别，而对于个人身份之外的很多其他数据仍然是以"可见"的方式流通，对这些数据的使用范围和传播频次仍然难以控制，除非再次借用其他技术手段。

## 39.为什么有很多直觉上安全的数据保护手段反而是危险的?

直觉是人们的直观感觉，基于直觉形成的观点一般没有经过理性分析推理。例如古时候，由于人类的活动范围狭小，只是凭着直观感觉，看到眼前的地面是平的，就认为整个大地也是平的。但后来，事实证明这种直觉是非常具有误导性的。从这个角度来说，直觉上的数据安全是基于直观感觉判断数据是安全的，但并没有理论证明。比如前面提到的k-匿名技术的安全性就没有得到理论上的证明，导致其还是无法阻止一些攻击。

现实中，一些掩码技术曾经被认为是一种简单的隐私保护计算方法，但其安全性并无理论证明，导致事后出现安全事故而被摒弃，比较典型的是MD5（Message-Digest Algorithm 5）加密算法。该算法将明文数据只进行一次性的加密处理，转换成一个128位输出结果的杂乱字符串（哈希值）。如果输入两个不同的明文，会得到两个不同的输出值。MD5技术通过比较输出值是否相同，来确定原始数据是否相同，以此达到不暴露明文数据的比较计算。这是一种基于直觉的安全计算。但事实上，已有许多研究论文证明了其计算出的哈希值可以被逆向破解，而通过该方法存储的数据遭到撞库攻击而泄露的事件屡见不鲜。据统计，全球自2013年以来的63件重大数据泄露事件中，有三起是因MD5存储的用户基本信息（包括出生日期、电话号码、IP地址、支付账号、电子邮件及账户密码等）被攻击者成功撞库造成的，三起事件共涉及2.1亿条用户数据，其危害和影响可想而知。因此，我国在数据要素市场建设过程中，应用基于直觉构建的技术处理敏感信息时，要保持警惕。

从这个角度再次审视隐私保护计算技术。一些技术由于其实现复杂，攻破其漏洞的门槛稍高，很难被普通人察觉。比如一些联邦学习的建模算法，其通过交换梯度保证原始数据不出域来体现安全性，但这种安全是一种直觉上的安全，而不是经过理论证明的安全。一旦不法分子参与到用敏感信息进行联邦学习的建模过程中，很有可能通过中间梯度恢复其他建模参与方的敏感数据原文。

人们一旦相信了这些基于直觉的安全，造成的后果往往不堪设想。比如人脸特征、手机号码、金融财富数值等敏感个人信息，本应受到严格的保护，但如果人们相信了一些直觉上安全的技术，通过这类技术将敏感数据进行处理和流通，结果反而是为敏感数据带来更多暴露的机会。因此，依靠直觉判断数据安全，会存在较大的风险隐患。我国在数据要素市场建设过程中，应用基于直觉构建的技术处理敏感信息时，要保持警惕。

## 40.不同隐私保护计算技术如何扬长避短，有效地组合使用？

在实践中，隐私保护计算技术选择一般需要结合业务场景的目标需求属性、原始数据属性等维度开展分析。由于每类隐私保护计算技术各有其特点，因此，在选择应用时应综合考虑各项技术在安全性（依赖于安全假设）、可控性、准确性和性能等方面的差异，扬长避短寻找合适的技术类型或组合应用方式，更有效地满足业务需求。总体而言，各项技术的特性及对比归纳如表6所示。

表6 各项隐私保护计算技术特性对比

| 对比维度＼技术 | 多方安全计算 | 联邦学习 | 数据脱敏 | 差分隐私 | 可信执行环境 |
|---|---|---|---|---|---|
| 数据保密性 | 高 | 中 | 中 | 高 | 高 |
| 数据可控性 | 高 | 中 | 低 | 低 | 中 |
| 技术可控性 | 高 | 中 | 高 | 高 | 中 |
| 结果准确性 | 高 | 中 | 低 | 低 | 高 |
| 计算高效性 | 低 | 中 | 高 | 高 | 中 |

资料来源：作者自制

从表6可见，多方安全计算的优势在于其安全性基于对密码学的信任，其准确性有严格的密码学领域证明，因而能够保障数据输入和输出的安全性、计算过程的保密性和计算结果的准确性，适用于隐私安全要求高、计算结果准确性要求高，但时效性要求较低的业务场景。联邦学习的安全性依赖于对统计学方法的信任，但计算速度较基于密码学方法的技术更高，适用于对数据隐私保护要求较低，但对计算性能要求较高的场景。数据脱敏技术侧重数据隐私保护合规，适用于对数据隐私保护要求较低的大规模数据共享场景或应用。差分隐私技术的安全性基于对统计学方法的信任，侧重数据输出时的隐私保护，可用于需要保护数据输出隐私的场景。可信执行环境的安全性取决于对技术厂商的信任，其侧重使执行环境、执行过程符合预期，可为其他隐私保护计算技术提供密钥管理、计算环境安全保障和可信存证服务等。

由上可见，各技术特点鲜明，优劣不同，仅靠单一技术解决所有数据要素应用场景需求是不现实的。一种可行的思路是融合应用并组合不同技术，打造隐私保护技术方案，灵活满足多样化业务需求。例如常见的组合使用方式包括：在联合建模任务中，将联邦学习与差分隐私技术相结合，通过向各方的梯度加入随机噪声，保护各方的数据隐私；将联邦学习与同态加密或多方安全计算等密码学技术相结合，构建明密文混合运算机制，从而兼顾数据隐私安全与计算效率；或将多方安全计算与可信执行环境结合的密文计算存证方案，用硬件安全技术生成存证、保证存证信息的完整性和可追溯性等。

## 41. 为什么技术只做到"数据可用不可见"还不够，还要控制数据的使用目的、方式和次数？

"数据可用不可见"强调在不暴露数据明文的情况下挖掘数据计算价值。但是，仅有"数据可用不可见"技术，并不能真正保障原始数据的安全。以百万富翁问题为例，假如 Alice 和 Bob 完成了第一轮比较，在未透露双方财富数目的情况下比出来了 Bob 更富有。而 Alice 的实际身份是 Bob 的敌手，她的真正目的其实是想进一步知道 Bob 的财富数目。于是 Alice 把自己伪装成其他样子的百万富翁 Cathy，在街头偶遇 Bob，和 Bob 再比比谁更有钱。第一次伪装的时候，Alice假设自己财富数目为500万，同样的操作得到的结论还是Bob比她富有（见图23）。

**图23　Alice乔装打扮希望获取Bob财富数额**

Alice不甘示弱，第二次伪装成百万富翁Dianne，并假报自己的财富数目是600万，结果发现卡片两面都是"✓"。因此Alice成功达到目的，偷偷知道了Bob的财富数目是600万（见图24）。

**图24　仅有"数据可用不可见"不能保证数据安全**

　　这个例子揭示了一个问题，仅依赖"数据可用不可见"依然会存在数据隐私泄露的可能性。Bob自以为自己每次遇到的百万富翁都是不同的人，觉得和他们分别做一次"数据可用不可见"的财富数目比较不会暴露自己的财富数额，结果掉入了Alice设计的陷阱，最终还是泄露了自己的财富数目。这个例子说明仅有"数据可用不可见"还不够，因为基于密文计算的数据存在用途用量超出预期范围的可能，而这种可能性为攻击者提供了额外的信息获取途径，提升了"侧信道"攻击的成功概率。所以说，不能做到控制数据使用的具体目的和方式的"数据可用不可见"也是有风险的。对此，隐私保护计算技术在实际应用中，还需要通过结合基于其他技术的机制（如计算合约），对数据使用进行严格控制。

## 42. 计算合约是什么？它如何帮助隐私保护计算技术实现数据使用可控？

　　《关于构建数据基础制度更好发挥数据要素作用的意见》在制度层面提出，建立数据要素生产流通使用全过程的合规公证、安全审查、算法审查、监测预警等制度，指导各方履行数据要素流通安全责任和义务。

　　要从技术上控制数据的使用，除了通过隐私保护计算技术避免信息泄露外，还需要通过计算合约实现数据使用可控。在隐私保护计算体系中，计算合约是一种数字化可机读且能够让各参与方对计算任务进行确认、确认后自动执行的程序。计算合约涵盖计算任务全流程。计算合约包括任务计算的参与方约定、算法约定和电子签名等内容。各参与方在计算任务开始前对数据的执行算法、数据用量和时限等维度进行严格约定，且内容公开透明、不可篡改，支持事后审计。电子签名对各参与方达成约定的行为进行确认，能够抗抵赖。根据《电子签名法》，计算合约中的签名信息可具备一定的法律效力。

在前述隐私保护计算技术中，多方安全计算技术由于其能够实现密码学意义上的"数据可用不可见"，在实践中已经能够进一步通过嵌入计算合约的方式控制数据的使用目的、方式和次数，并结合区块链技术对计算合约内容以及实际计算任务的全流程进行存证。在事前，计算合约+区块链能够让参与数据协同计算的各方针对数据的使用目的、方式和次数达成共识（即合约），并对该计算合约进行存证；在事中，各方在相互制约下严格按照计算合约执行计算、输出结果，并对计算过程进行存证；在事后，基于计算合约和计算过程的存证能够实现对计算任务的回溯、审计、追责。如此保障各方数据按照事先约定的使用目的、方式和次数进行使用，避免数据使用超出约定范围，从而保障数据流通使用安全、合法、合规。

## 43.隐私保护计算产品的代理计算模式和直连模式分别是什么？它们对数据流通的可监管性有什么影响？

隐私保护计算产品的实际应用部署架构可以分为直连模式和代理计算模式，其部署成本、安全性与可监管性、计算与通信性能、可扩展性与应用开发成本均有很大差异。总体而言，直连模式和代理计算模式各有其优缺点。

直连模式架构的本质是各数据提供方相互间直接两两连接进行计算，计算任务在"端"上完成（算力都在"端"上）（见图25），"多方"计算是在"两方"计算叠加的基础上完成的。这种架构的优势在于，对于数据参与方较少的场景，参与方间协调简便、部署速度快，有短平快的特点，有利于隐私保护计算技术的快速推广和应用。在参与方较多的场景下，直连模式可能面临计算性能低、通用性弱、可扩展性不足、难以监管等问题。首先，在参与方数量较大时，直连模式需要完成多轮端和端之间的计算和通信任务，通信开销很大。而且，端和端之间的网络带宽和延迟通常不如端到计算中心的网络带宽和延迟，因此在这种情况下直连模式的计算与通信性能较低。其次，通用性和可扩展性不足。在计算任务和参与方数量发生变化时，因为直连模式下的数据、算法和算力都在端上，需要在每个端上重新进行有针对性的开发或调整，规模效应较低。最后，直连模式无法实现有效的数据流通使用监管。由于各数据或计算参与方的计算节点分布分散且直接连接形成一对一的闭环，技术上需要在每个节点上装一个监管探针，因此部署成本较高，另外监管数据完全来自这些数据或计算参与方（往往是隐私计算的利益相关方），难以保证监管的及时性和有效性。

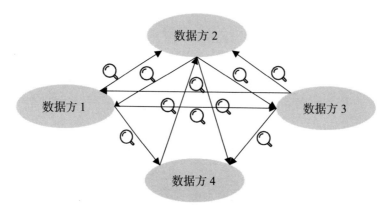

**图25　直连计算模式示意图**

资料来源：作者自制

与直连模式不同，代理计算模式中的数据提供方不需要直接参与计算，而由代理计算节点完成计算任务（见图26）。此种模式在大规模计算性能、通用性、可扩展性及可监管性等方面有较大优势，但初始的开发和部署成本较高。首先，代理计算模式可以通过计算中心网络高效通信，通信性能较高。其次，通用性和可扩展性方面，代理计算模式下的数据、算法、算力和控制面通过解耦的方式实现高可扩展性，一方面可灵活支持不同数量的参与方接入，另一方面可以通过中心化开发方式实现易拓展和易理解的计算模型，灵活满足不同业务模式和算法应用场景。代理计算模式的初始开发和部署成本较高，但数据和计算参与方数量的增加不会显著影响使用成本，可以实现较大的规模效应。最后，代理计算模式便于对数据流通及使用进行有效监管。通过在代理计算节点直接安插监管探针，监管方能够实现对多方数据协同计算和数据流通的集中式监管，因而监管成本不会随接入参与方扩展而显著增加，使大规模数据流通的监管成本可控。

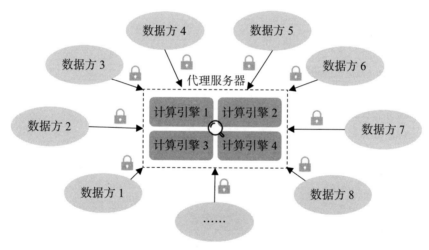

**图26 代理计算模式图**

资料来源：作者自制

数据要素市场将是一个庞大的、复杂的、多元化的市场。对数据在流通使用中的监管至关重要。不能支持数据监管流通使用的方式，就像没有卫生检查监督的餐厅一样，一旦在市场上营业就可能产生重大危害。因此，在数据正在进入大规模流通的阶段，支持数据监管应该是数据流通技术架构和体系的重要考虑维度，是"科技向善"的保障。这需要整个数据要素市场从一开始就牢牢树立保障数据流通安全、合法、合规的意识，从头开始建立和建设良好的数据流通基础设施。数据监管需要结合制度和技术手段，对数据协同计算和流通使用的目的、方式和次数进行监督和审计，防止数据被滥用。数据流通过程中的安全审计、合规审计类技术是实现数据要素市场化的支撑。

## 44. 联合统计：如何在不透露工资数额的情况下，计算多人的工资总额？

想象这样一个场景：Alice、Bob、Carol三个人想要知道他们的工资总额，但又不想暴露各自的具体工资数额。是否存在一种解决方案，能够对这类问题求解？

答案是肯定的，我们可以通过数据隐私保护计算中一种叫作"联合统计"的方法来实现。联合统计泛指在不暴露各方明文数据的情况下，基于各方数据计算出一个统计结果的方法。联合统计可以通过多方安全计算、同态加密以及可信执行环境等多种路径实现。此处以基于秘密分享协议的方案为例，讲讲如何不透露上述三人的工资数额，计算出他们的工资总额。

假设Alice、Bob、Carol三人的工资分别为55万/年、25万/年、70万/年。三人将各自的工资随机拆分为两个数值（比如Alice拆分为1和54，Bob拆分为−5和30，Carol拆分为29.3和40.7）。随后三人各自将拆分的两个随机数据分片分别给到两个互不串通的计算节点，J1和J2。J1计算自己收到的三个分片（1、−5、29.3）的总和，得到25.3；同时，J2计算自己收到的三个分片（54、30、40.7）的总和，得到124.7。最后，把J1和J2的结果加起来，就得到三人工资总额，即150万/年。在这个过程中只要J1和J2不串通，就不会暴露Alice、Bob、Carol三人各自的工资数额。上述过程的直观解析如图27所示：

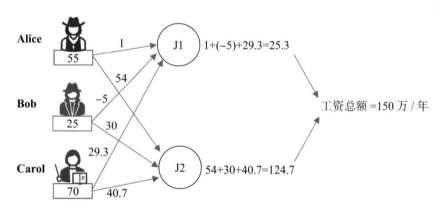

**图27　基于秘密分享的工资总额计算直观解析**

资料来源：作者自制

从上面的例子可以看出，在联合统计的计算过程中，没有任何一方暴露了自己的工资明文数据，而是通过将各自工资随机切分为碎片后（1和54、−5和30、29.3和40.7），发送给不同节点整合计算出总额。这些碎片来源于每个人的工资（原始数据），但不承载原始工资数据的任何信息，只是传递了原始工资的计算价值。在多方安全计算中，这些碎片被称为"计算因子"。

## 小贴士6

### 计算因子

计算因子是多方安全计算应用中的重要概念，其来源于原始数据，但本身又不包含任何原始数据信息，却能承载并释放原始数据的计算价值。计算因子通过密码学方式生成，满足随机性要求，因此无法被用来推测原始数据的任何信息，这种安全性经过了密码学理论的严格论证。

这种不暴露数据明细的联合统计可以在很多涉及敏感数据的行业分析中得到应用。例如，金融控股集团内的银行在资产管理业务中，可在客户同意后计算其在集团内部证券、保险、基金等不同业务板块的资产总额和授信总额，把握其总体资产和负债情况，为客户提供更好的资产配置服务等。然而，由于金融资产数据属于高度敏感信息，相关信息不能通过明文方式流通。因此，银行应用秘密分享的联合统计方案，可以既得到客户的资产总额和授信总额，又不暴露其在证券、保险、基金等机构的具体金融资产和负债数额，从而有效提高客户资产及风险的评估效率，更好地为客户提供定制化的资管服务。

## 45.隐匿查询：如何实现既得到查询信息，又能保证数据提供方的数据集和查询方的查询意图不被暴露给对方？

有一种计算需求，查询者希望得到他们的查询信息，却不希望提供数据的人知道他们查了谁，同时数据提供方又不愿意暴露被查询数据库的原始信息。比如在犯罪侦查中，侦查机构需要确保特情的隐蔽，他们希望调查时获得有用的信息而不暴露侦查目标，以免走漏风声或打草惊蛇。这样的目的如何实现呢？

在隐私保护计算应用中，这类为了保护查询标的和被查询数据库原始信息的方式，可通过一种名为隐匿查询（也称隐私信息检索，Private Information Retrieval，PIR）的技术功能实现。通过隐匿查询，查询方能够隐藏自己的查询标的，比如被查询对象的关键词或关键信息，数据提供方提供匹配的查询结果，却无法获知哪个查询对象被查询了。

此处以查询年薪场景为例，来说明隐匿查询的功能效果。假设Alice的年薪为55万元，工龄为10年，则其数据在数据库中被存储为<Alice，55，10>。类似地，Bob在数据库中的数据为<Bob，25，6>，Carol在数据库中的数据为<Carol，70，20>。此时，查询方想要获悉Alice的年薪，其输入密文形式的"Alice"后，可以得知Alice的年薪为55万元。但是，查询方无法得知Alice的工龄为10年，亦无法得知Bob、Carol及数据库中其他主体的任何信息，保护了该数据库中被查询数据以外的信息。同时，数据库管理员并不知道被查询的个体是Alice，也不清楚发送给查询方的数据是年薪还是工龄，以此实现了对查询方的查询意图保护。

目前，隐匿查询功能正越来越受到重视，除金融领域外，其在医药数据库、专利数据库以及政务等领域均有着广泛应用前景。

## 46.隐私求交：如何得出多方共同拥有的信息，同时保护每方私有的信息？

金融机构联合起来共同防范欺诈等风险，是金融行业的一大现实需求。但金融机构间在诸多方面往往是竞争关系，都为客户提供类似的金融服务。若金融机构间直接共享客户明文信息，一方面会泄露用户的个人金融信息，另一方面又可能暴露自身的核心商业秘密。因此，金融机构间共享欺诈等风险信息时，只希望共享有共同问题的欺诈客户，同时又保护自己的其他客户信息。

此类问题可通过隐私求交（也称隐私集合求交，Private Set Intersection，PSI）的方法解决。隐私求交属于隐私保护计算领域的特定应用问题，兼具重要的理论意义与极强的现实应用价值，因其高效性与实用性显著，目前已经得到广泛的关注。隐私求交允许持有各自隐私数据集的多方得到他们的数据交集，同时不泄露任何交集以外的信息。以两方求交场景为例，假定Alice持有数据集{100、50、80、70}，Bob持有数据集{30、50、40}，则隐私求交的结果为{50}。Alice从Bob那里获得的信息仅为交集{50}，Bob的其他信息30和40得到了保护；同样，Bob从Alice那里获得的信息也仅为交集{50}，Alice的其他信息100、80、70得到了保护（见图28）。

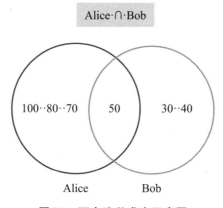

**图28　两方隐私求交示意图**

资料来源：作者自制

需要强调的是，理论上的隐私求交方法能够同时保护交集外和交集内的数据隐私，即各参与方无法获得对方和自己不相同的部分，亦无法得知相同的部分。但在实践中，交集数据往往需要被暴露给各参与方，以此减少加密数据量，从而提升后续计算任务的效率。这时，参与方使用隐私求交时需要考虑和评估彼此之间的对等性。如果参与方的数据体量明显不均衡，那么数据量小的一方暴露信息后可能致使其处于不利地位。比如Alice代表大型互联网平台，拥有超过10亿人的个人客户信息，Bob只是中小型金融机构，仅有上千万个个人客户，那么二者隐私求交的结果，大概率是Bob这个中小型金融机构暴露了其客户范围给互联网平台，而互联网平台的客户信息却受影响很小。在技术实现上，隐私求交常见实现路径是不经意传输技术和哈希算法。不经意传输技术基于密码学方法，其安全性强。哈希算法基于传统加密算法，在一些特定情况下存在被暴力破解攻击的可能，即存在可能暴露用户真实ID的隐患。

## 47.联合建模：多方如何实现在明文数据不汇聚的前提下，得到和明文汇聚训练相同的模型结果？

药厂在开发新药时，需要大量病例样本数据构建药品效果验证模型。往往样本数据越多，训练出来的模型越有效。然而，由于病例样本数据集中于各大医院，医疗信息又属于极度敏感的个人信息资源，各医院不能直接将病例样本数据给到各个药厂进行汇聚，来执行传统的数据集中式建模。那么药厂还能在各医院原始数据不出本地的情况下，实现联合建模开发新药吗？

此类需求可以通过联合建模的方法解决。联合建模是一种合作式的建模方式，参与方可以不直接交互原始数据，但能得到和原始数据汇聚建模相同效果的模型。随着建模应用越来越普遍，这类方法的应用也更加广泛。联合建模可通过不同技术路径实现，常用的有联邦学习、多方安全计算和可信执行环境等。这三种技术可以独立使用，亦可结合使用。基于联邦学习的联合建模在安全性、准确性等方面存在缺陷，但其优点在于本地计算基于明文，计算速度较快。基于多方安全计算的联合建模能够同时保障安全性、准确性，但计算速度比联邦学习更低。最后，联合建模也可通过可信执行环境实现，比如将模型中间参数的聚合运算在可信执行环境中执行。国外已有少量基于联邦学习结合可信执行环境的实践案例。随着人工智能技术的不断成熟和发展，预计未来联合建模技术将迎来更大的发展空间。

## 48.我国目前已有哪些隐私保护计算标准和相关的检测认证?

隐私保护计算技术近年来不断发展，在我国各行业领域越来越受到重视，各类技术标准正在制定和完善过程中，并且依据标准开展检测认证工作。但由于其总体上标准化起步较晚，技术应用仍处于工程化落地初期阶段，已正式发布的标准并不多。其中，多方安全计算技术的理论成熟、安全性可证明，因此该技术的标准总体推进较快。

多方安全计算技术的标准化工作在金融、密码、通信等行业均已开展。金融业由于数字化程度高、数据密集度和敏感性高等特性，对实现自主可控的数据安全融合流通的需求迫切。金融业在2020年11月即出台有《多方安全计算金融应用技术规范》（JR/T 0196—2020）。作为我国第一个正式出台的隐私保护计算技术行业标准，其规定了多方安全计算在金融领域应用的基础要求、安全要求和性能要求，为金融业乃至其他行业相关产品的设计、开发和应用提供了指导。在此基础上，2021年6月发布的《多方安全计算金融应用评估规范》（T/PCAC 0009-2021）进一步明确了技术的适用性、评估方法和通过基线，为检测评估机构顺利开展相关技术验证工作提供了依据。在密码行业，《多方安全计算密码技术框架》于2021年10月在密码行业标准化技术委员会正式立项，标志着多方安全计算正式被纳入国家密码体系中，并基于技术框架陆续开展对秘密分享、混淆电路等密码机制的标准化，填补了我国密码技术标准化方面的空白。除这两个行业外，多方安全计算的技术标准化也逐步向其他领域拓展。其中，全国通信标准化协会针对多方安全计算功能、性能、安全已研制多项标准。而其他标准组织和社会团体也正尝试对多方安全计算技术在工业、医疗健康、公共数据开放、数据交易等领域的应用进行探索和规范，为该技术落地提供支撑。

可信执行环境方面，由于当前主要硬件产品由境外厂商提供，为保障该技术在国内市场得到安全有序的落地应用，我国已积极推动相关国家标准制定工作。其中，2022年4月15日《信息安全技术 可信执行环境基本安全规范》（GB/T 41388—2022）正式发布，确立了可信执行环境的整体技术架构，而《信息安全技术 可信执行环境服务规范》（20210988-T-469）也推进到了审查阶段，其通过后将作为我国各行业应用该技术的基准要求。在技术落地应用方面，通信等行业领域也针对服务端和终端产品开展了多项可信执行环境标准的研制。

相较以上两种技术，联邦学习在我国的标准落地进度较慢，主要原因之一是各行业对其内涵和外延的界定尚不清晰。在国际上，联邦学习是机器学习领域的主要分支之一，而在我国，部分从业者通过将多方安全计算、同态加密等密码技术在联邦学习中的应用，期望将其扩展至隐私保护范畴。因此，当前我国联邦学习相关标准主要集中在产品的应用和安全上，并未在其原有的机器学习领域进行相应的规范。截至2022年5月，联邦学习大部分标准还处于立项阶段，如金融行业的《联邦学习技术金融应用规范》以及通信行业的《电信网和互联网联邦学习技术要求与测试方法》等，而相关产品的功能、性能、安全标准也正处于编制中，中国信息通信研究院等机构也基于标准开展了产品的测评。

检测认证体系是对技术产品进行质量把控、规范市场准入的机制。检测合格且通过认证的产品才能拥有面向市场的合格证。其中，检测工作主要根据相关技术、测评标准和相关强制性要求，对产品各方面（如功能、性能、安全等）的表现进行测试，并对各项指标打分，但不对产品进行合格评定。认证工作主要为对经过检测的产品个别项进行抽查验证，根据抽查结果和检测报告判定其是不是合格产品，并对合格产品颁发产品认证证书。

## 小贴士7

### 检测和认证

严格来讲，隐私保护计算产品的检测属于认证的一个环节。检测是指依据技术标准对产品的各项指标进行测试并打分，但不对该产品是否合格做出判断。随后，认证工作参照产品检测报告，辅以抽检得出产品是否合格的结论，其中合格的产品才能获得产品认证证书。

当前，隐私保护计算产品的检测认证主要集中于金融和通信领域，金融所依据的标准主要为上述行业标准及团体标准，而通信领域则依据全国通信标准化协会正在编制的一系列团体标准。在金融业，严格来讲，检测也被叫作"型式测验"，属于认证工作的一个环节，目前由包括国家金融科技测评中心（银行卡检测中心）（BCTC）、中国金融认证中心（CFCA）等机构承担。据公开信息，这些机构已对100余项隐私计算金融科技产品提供检测。认证方面，较有影响力的进展体现在多方安全计算技术于2022年2月正式进入国家市场监督管理总局和人民银行的金融科技认证产品目录，相应的认证体系目前正在建设过程中。在通信行业，信通院体系下的产品检测依据主要是相关团体标准，这些标准在不断地编写、修订、完善和发布中，由于没有进入相应的产品认证目录，目前的方式主要是先进行检测，再由专家对产品检测项得分进行讨论后判断该产品是否合格，并对合格产品发放评测证书。

值得注意的是，当前有多家机构开展了对隐私保护计算技术产品的检测，但由于此类新兴技术仍处于起步阶段，检测机构和检测人员对这些技术和产品的理解需要经验和时间积累。再加上目前的检测方式多以人工为主，缺少自动化手段，容易出现检测质量不一致等问题。因此，业界亟待建立检测工作统一化、规范化的流程及标准体系，以避免出现高标准无人检测、低标准大量检测的技术套利现象，这类风险值得各行业高度关注。对此，检测及认证机构需要加强技术交流，研究制定严格的检测及认证标准，对各项检测指标严格把关，并通过自动化的检测及认证方式，减少因人工操作可能带来的偏差，保障检测和认证流程和标准的一致性，引导隐私保护计算产品高质量落地。

## 49. 云计算和数据流通有什么关系？

云计算是一种以数据为中心的数据密集型计算模式，其并不是一个全新的概念，而是多种分布式计算技术及其商业模式演进的产物。云计算具有按需自助服务、通过互联网获取、资源池化、快速伸缩和可计量等主要特点。在云环境下，通过虚拟化技术建立的功能强大的、具有可伸缩性的数据和服务中心，为用户提供强大的计算能力和海量的存储空间。近年来，我国数据增量呈现爆发式增长，全社会对算力提升的需求也越来越迫切。相关统计预计这类需求将以每年超过 20% 的速度快速增长。数据价值释放关键在于能够大规模有序流通，云计算可为此提供必要算力、存储等在内的基础设施。

云计算改变了传统硬件模式，并作为数字基础设施的重要组成部分，在我国数字经济发展过程中发挥着重要作用。一方面，云计算技术在推动企业数字化转型方面取得显著成效，为数据价值释放提供了关键基础设施。云计算可以让企业快速获取可持续、敏捷发展的能力，其弹性和可灵活扩展的优点可满足企业业务快速上线的需求，提升企业创新速度。另一方面，云计算为"云—网—端"一体化提供了重要支撑。"网"的本质是把碎片化的数据聚合梳理，"端"的功能是实现内外部数据交互，而"云"的核心作用是数据的计算分析，通过分布式计算、算法优化和数据智能，实现数据高效流通和价值释放。

云计算提供的高性能计算能力是支撑我国数字经济向纵深发展的新动能。一方面，由于云计算具有按需自助服务、快速伸缩等优良性能，打破了传统硬件部署的限制，使得数据流通基础设施可以构建在云端，将有效赋能行业级、区域级和国家级数据流通基础设施建设。另一方面，算力将成为数据流通环节的关键要素之一。算力作为数字经济时代的新生产力，同样需要通过基础设施化，使其能广泛服务于我国数字社会转型所涉及的方方面面。据《2020全球计算力指数评估报告》，计算力指数平均每提高1个百分点，数字经济和GDP将分别增长3.3‰和1.8‰。因此云计算具有的计算能力，将作为数据使用价值提取和流通的核心动力。

例如，云计算技术正加速推动我国政务数据共享交换平台建设。2017年5月，国务院办公厅印发《政务信息系统整合共享实施方案》，要求推动政务信息化建设投资、运维和项目建设模式改革，鼓励推广云计算、大数据等新技术新模式的应用与服务，推进国家数据共享交换平台跨域政务数据交换体系构建（见图29），从而缓解长期以来我国电子政务领域"条块分割、烟囱孤岛林立"的不利局面。

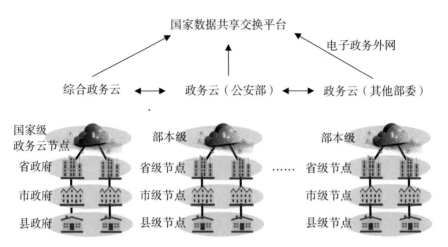

**图29　国家数据共享交换平台跨域政务数据共享交换体系示意图**
资料来源：国务院办公厅，《政务信息系统整合共享实施方案》

## 50.区块链和数据流通有什么关系？

区块链（Blockchain）是一种将数据区块有序连接，并以密码学方式保证其不可篡改、不可伪造的分布式账本技术。通俗地说，区块链技术可以在无须第三方背书情况下实现系统中所有数据信息的公开透明、不可篡改、不可伪造、可追溯。由于区块链可以有效地解决针对数据篡改的信任问题，实现价值的自由传递，其在数字货币、金融资产交易结算、数字政务、存证防伪数据服务等领域具有广阔前景。近年来我国区块链市场规模保持快速增长，2020年市场规模达到5.61亿美元，增长率高达91.11%（见图30）。

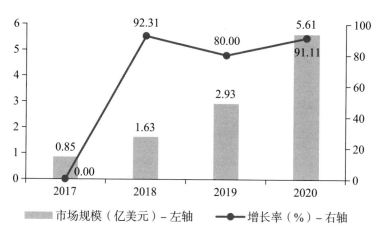

**图30　2017–2020年中国区块链市场规模情况**
资料来源：根据公开资料整理

区块链技术可解决数据流通的部分关键问题。一方面，区块链可解决数据流通各主体的确权问题，将数据提供方、加工方、使用方等流通主体与智能合约关联，实现数据的转移、交易和管理整个环节的存证。另一方面，区块链可实现数据流通溯源，区块链中的多个节点共同参与计算，并相互验证数据有效性，构成了完整的计算清单，不可篡改地记录了整个过程，为数据流通溯源提供了可行路径。

区块链和隐私保护计算共同赋能数据流通，且日益受到业界重视。区块链具有难以篡改、可存证、可追溯的优点，其结合智能合约技术，能够与隐私保护计算技术相辅相成，共同在数据流通中发挥作用，在包括数据隐私保护、数据存证、数据核验、多节点协同计算、联合建模等方面落实数据使用可控的目标。具体来说，区块链+智能合约技术能够让参与方对数据用途和用量达成一致，且合约内容公开透明、不可篡改，并对数据流通与融合应用的关键信息存证，满足监管机构对数据流通可回溯、可审计的需求；隐私保护计算则为链上数据提供隐私保护、数据规则核验等能力，确保链上数据的隐私安全和数据真实性。例如在数据交易中，首先，在事前的数据发布环节，所有上架的数据产品与数据服务可在审核过程中生成唯一性标识并在区块链上完成登记。其次，在事中的交易环节，各参与方均可读取区块链上的存证信息并进行核验，以便对交易进行实时审计。最后，由于已经通过区块链技术记录了从协议开始到协议完成的全生命周期过程，因此各方在交易完成后可以多维度抓取存证信息，如参与方、数据、算法、计算结果、交易信息等，以便进行监管以及对交易纠纷追责。

## 51.人工智能在释放数据价值上有什么用?

人工智能自1956年在美国Dartmouth会议上被正式提出以后，已经历过两次技术浪潮，目前正处于第三次技术浪潮之中。在前两次浪潮中，由于计算能力、算法模型、数据规模等诸多因素的限制，人工智能技术虽取得突破性进展但仍未得到广泛应用。21世纪以来，全球各国数字化进程持续加速，人工智能技术不断趋于成熟，包含语音识别、知识图谱、自然语言处理等核心技术的应用也不断加快，这些智能化技术也加快推动着各行各业高速发展。习近平总书记在十九届中央政治局第九次集体学习时强调"人工智能是新一轮科技革命和产业变革的重要驱动力量，加快发展新一代人工智能是事关我国能否抓住新一轮科技革命和产业变革机遇的战略问题"。可以看出，大力发展人工智能技术，推动大数据、云计算、隐私保护计算和人工智能技术融合，是促进我国数字经济发展的重要驱动力。

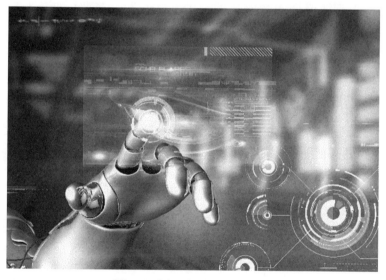

**图31　"人工智能"时代来临**

资料来源：网络公开资料

　　人工智能极大地促进了数据要素价值释放。数据经济价值的产生是在决策模型的使用上，人工智能建模技术可以帮助提高数据要素的使用效率和经济价值。一方面，人工智能和数据的关系密不可分，人工智能本质是数据分析和理解的技术。实践证明，人工智能在海量数据分析、图像识别、语音识别、医学诊断等诸多领域已经超越人类，它可以帮助人类从原来无法理解的海量数据背后探寻规律和价值。另一方面，人工智能对数据要素的作用还体现在其可提升数据模型管理、元数据管理等方面智能化水平上，可为开发人员提供分析加工后的企业数据完整视图，为数据要素价值有效释放筑牢必要基础。

人工智能可全面赋能数据要素价值开发。在数据要素化时代，人工智能可以有效利用数据要素，赋能各行业各领域有效提升数据利用能力，推进产品与服务的智能决策、智能营销、智能风控、智能运营、智能客服等，从而有效缩减业务办理时间，提升业务流程效率，降低综合成本，赋能企业数字化转型。未来，人工智能在算力、算法层面的进一步突破，隐私保护计算技术实现更大规模的数据融合，两者将在数据流通基础设施智能化水平提升方面发挥积极作用，共同推动数据要素价值释放。当前我国积极推进数据要素市场构建，同时也在大力推动人工智能发展，无论是数据要素市场的日趋成熟，还是人工智能技术的持续进步，都会转化为推动彼此发展的新动能。

## 第四章

活力：
数据的流通交易

　　探索建立数据流通规则。建立健全数据流通交易规则。探索"原始数据不出域、数据可用不可见"的交易范式……探索建立数据用途和用量控制制度，实现数据使用"可控可计量"。

　　　　　　　　　　　　——《要素市场化配置综合改革试点总体方案》

# 52.数据流通与传统生产要素流通有什么不同?

经济学之父亚当·斯密在《国富论》中提出劳动分工理论，人们发现通过分工与流通可以大大提升整个社会的生产效率。数据作为数字经济的关键生产要素，其流通是下阶段实现数字经济跨越式发展的必然要求。我国顺应时代需要把数据增列为生产要素，为推动数据流通奠定基础（见表7）。在数据流通过程中，数据持有方提供数据，用以参与融合计算产生计算结果，数据使用者在生产活动中使用该结果获得业务价值，从而实现数据参与社会化大生产的过程。

表7　我国要素市场改革的主要里程碑事件

| 年份 | 会议 | 相关表述 | 改革里程碑 |
|------|------|----------|-----------|
| 1992 | 党的十四大 | 以按劳分配为主体，其他分配方式为补充，兼顾效率与公平 | 提出允许多种分配方式并存 |
| 1992 | 党的十四届三中全会 | 允许属于个人的资本等生产要素参与收益分配 | 明确资本作为生产要素参与分配 |

续表

| 年份 | 会议 | 相关表述 | 改革里程碑 |
|---|---|---|---|
| 1997 | 党的十五大 | 把按劳分配和按生产要素分配结合起来。着重发展资本、劳动力、技术等生产要素市场 | 增列技术为生产要素 |
| 2002 | 党的十六大 | 按劳分配为主体、多种分配方式并存。确立劳动、资本、技术和管理等生产要素按贡献参与分配的原则 | 增列管理为生产要素 |
| 2013 | 党的十八届三中全会 | 健全资本、知识、技术、管理等由要素市场决定的报酬机制 | 增列知识为生产要素 |
| 2019 | 党的十九届四中全会 | 健全劳动、资本、土地、知识、技术、管理、数据等生产要素由市场评价贡献、按贡献决定报酬的机制 | 增列数据为生产要素 |

资料来源：作者根据公开资料整理

　　数据流通之所以不同于传统生产要素流通，根源于数据生产要素的特殊性。作为一种新型生产要素，数据具有与其他生产要素不同的经济特征，主要包括公共品性、外部性与不确定性三个方面。第一，数据具有非竞争性与非排他性，也就是经济学上的公共品性。这是因为，对于某一特定的数据来说，一方使用并不影响其他方的使用，特别是互联网的存在和发展使得数据使用已经可以脱离时间与空间的限制。公共品属性让原始数据直接流通面临困难，即流通前难以定价、流通后难以保值、管控和追责。第二，数据使用具有外部性，既有正外部性，也有负外部性。正外部性体现在其可以优化资源的使用和分配，提升劳动生产率和社会管理效率，提高人民生活水平；负外部性体现在可能损害他人和社会利益，甚至危害国家安全。这是一对矛盾。一方面，要"数尽其用"，深度挖掘数据的价值，充分发挥数据正外部性；另一方面，要防止数据滥用，抑制其负外部性。第三，数据具有流通价值的不确定性和流通使用后果的不确定性。前者体现在数据被投入使用之前，数据买方无法确定数据质量和价值；后者主要体现在数据卖方难以确定数据直接交给他人使用可能产生的后果以及相关的责任风险。

具体地，数据要素流通与传统生产要素流通的差异性主要体现在三个方面。首先，明文数据直接流通面临许多不可控的因素。传统生产要素通过排他性来控制其流向和使用方式，这在数据流通中则行不通，因此需要引入"使用可控可计量"的技术机制，才能使数据流通具有可控性，才能构筑数据流通的秩序（具体可参见本书问题7）。其次，不同于土地、劳动、资本等传统生产要素通过流通直接转让其价值，数据流通既不是明文数据的直接复制和传播，也不是其使用价值的直接传递，而必须在具体使用场景中实现价值创造才算完成流通闭环，即数据通过参与融合计算产生具体的计算结果，并把这个计算结果用于具体的业务场景创造价值贡献。因此，不存在普遍意义上脱离使用场景的数据流通。中共中央、国务院《关于构建数据基础制度更好发挥数据要素作用的意见》中也明确提出，要促进数据使用价值复用与充分利用，促进数据使用权交换和市场化流通。审慎对待原始数据的流转交易行为。最后，和其他生产要素具有相对清晰的法律边界不同，数据目前的权属界定尚不清晰（具体可参见本书问题8）。但是数据流通不会等待相关权属界定水落石出再推进，而是可先绕过复杂而可能无解的确权问题，创新性推动数据使用价值的流通。

因此，数据流通是数字经济所特有的、开创性的、经济发展到一定阶段自然演变出来的一种新型要素流通。隐私保护计算、人工智能、区块链等技术的工程化突破，使得这种新型数据流通成为可能：一是以"数据可用不可见"解决数据在流通中暴露信息的问题，二是以数据"使用可控可计量"解决数据流通使用不可控问题。

## 53. 为什么说在新型数据流通范式中，流通的是数据的特定使用价值？

数据的特定使用价值是数据众多价值中的一种。数据价值可从不同角度来分类。从时间维度看，数据存在现实价值与潜在价值。数据现实价值是数据现在已知的或者已实现或可实现的各种价值的总和；数据潜在价值是数据尚未被挖掘的、未知的、未来所有可能的各类价值的总和。从用途目的维度看，数据价值还可分为非使用价值和使用价值。数据的非使用价值主要指数据的收藏、纪念等非经济类用途，如记载了情侣互赠礼物的平台购物记录等。数据的使用价值必须在具体的场景中才能体现，且不同场景下其使用价值各不相同。在此基础上，衍生出数据的特定使用价值，其是数据在某个特定场景中使用的具体价值体现。比如，人们的出行数据既可用于优化公共交通基础设施的规划与投资，又可用于租车服务公司运力调度。在这两种不同的用途中，出行数据的使用价值是不同的。

由于同一数据对不同场景的可用性与价值是不同的，对同一场景不同数据的可用性与价值也是不同的，具有特异性；同时，多种数据的组合对场景的应用又会产生更大或更小的用处与价值，具有协同性；并且数据与场景的匹配又具有巨大的未知性与不确定性。因此，不同于传统生产要素，数据的流通对象并非是明文数据本身，而是数据的特定使用价值。中共中央、国务院《关于构建数据基础制度更好发挥数据要素作用的意见》中明确提出，要促进数据使用价值复用与充分利用，促进数据使用权交换和市场化流通。审慎对待原始数据的流转交易行为。这是因为明文数据流通使得数据持有方不仅丧失了对数据用途、用量的控制，而且还将数据可以参与计算的所有计算结果所创造的价值一次性全部转让出去，导致其失去数据现在与未来可能创造的所有收益。反过来，若数据使用者的需求仅体现在具体的、特定的使用场景，其往往更愿意为符合自身需要的、具体场景下的数据特定使用价值付费，而非数据所包含的全部现实价值与所有潜在价值付费。因此，以数据的特定使用价值为数据流通的对象，更容易实现数据大规模流通。

## 54. 如何理解数据、算法、算力是数据流通的核心?

数据流通的本质实际上是多源、多种、多方数据进行协同融合计算，并把计算结果交给某一个特定需求方的过程。从信息论与物理学的角度来看，计算机进行数据计算的过程可以被视为一个信息"熵减"的过程，即输入相对高熵值（相对无序）的数据，输出相对低熵值（相对有序）的计算结果。数据流通"熵减"的过程，需要能量输入来完成。

**算力**就是这个"熵减"所需的能量。几次工业革命展示出人类使用能量方式的进步推动社会发展的历程。第一次工业革命通过将大规模的热能转化为机械动能，实现了工业生产效率的飞跃；第二次工业革命通过电力的普遍应用，使人类进入了电气/电器社会；之后，电子计算机的迅速发展和广泛运用，开辟了信息时代，人类通过运用算力大大降低了物理世界的时间和空间壁垒。电能是算力能量输入的基本手段，在数据流通过程中具有关键作用。根据相关估算，到2030年全球发电量的15%到25%会被用于算力。

**小贴士8**

> **"熵减"**
>
> 20世纪40年代，"信息学之父"香农（C.E.Shannon）为了解决信息的量化度量问题，把信息中排除了冗余后的平均信息量称为"信息熵"，并给出了计算信息熵的数学表达式。信息熵越大说明系统越混乱，携带的信息就越少，信息熵越小说明系统越有序，携带的信息越多。熵减就是指有效信息增加的过程。

**算法**规定了数据计算的逻辑和所需的原料，或是为计算原料设计的计算规则，目的是使计算得出所需要的结果或答案，规定指明了"熵减"的方向。简单来说，算法就是一个解决问题的指令集，它最大的特点是对输入的数据进行计算产生需要的结果。算法的有效性决定着计算的目的是否能够达到，算法的效率决定着达到计算目的的算力和时间消耗。因此，算法是决定数据价值是否能够得到有效释放的核心。随着人工智能技术的快速发展，通过机器学习自动生成的算法目前已经越来越普遍。

**数据**就是计算原料，蕴藏着得出计算结果或答案所需的计算价值。这种价值需要通过合理运用算法和算力，才能被转化成可以直接用于生产、生活和科研的实际使用价值。正所谓"巧妇难为无米之炊"，数据作为计算原料是数字经济存在和发展的根基，因此也被誉为数字经济时代的"石油"。与其他生产要素一样，数据并不直接创造价值，必须通过人类的生产活动才可以产生价值。数据首先需要经过清洗整理成为可机读的计算原料，然后根据具体的应用场景，选择合适的算法借助算力加以计算处理，最终得出计算结果交给结果需求方，数据潜在价值才能得到释放。

因此，数据、算法、算力三者是将数据流通转化为数据特定使用价值流通的必要元素。就像食物原料被厨师清洗加工，按照菜谱，在厨房烹饪成为美食一样。数据根据算法通过算力进行加工，成为可以在相应实用场景中发挥价值的计算结果，是实现数据参与社会化大生产的基础，用以优化自然资源和社会资源使用和分配（见图32）。

**图32　数据、算法、算力是数据流通的核心**

资料来源：作者自制

## 55.数据流通和数据交易是什么关系？

在人类社会中，任何一种生产要素的大规模流通都离不开市场化交易。市场通过"看不见的手"——市场化的供需机制来调控生产要素的交易行为，有效配置生产要素。自从数据被增列为生产要素之后，我国连续出台相关文件，把加快培育数据要素市场作为当前及今后一段时间的重要任务。

数据流通可以采取开放、共享、交换、交易等方式，数据交易是一种市场化的特殊流通方式，特点是以货币为对价，以市场供需为基本定价机制。数据的非市场化流通方式还包括数据公开、赠予、继承、划拨、司法判决等。例如，《个人信息保护法》第22条规定"个人信息处理者因合并、分立、解散、被宣告破产等原因需要转移个人信息的，应当向个人告知接收方的名称或者姓名和联系方式……"然而，这些非市场化的数据流通方式目前并不普及，具体方式还有待相关法律法规进一步明确。

数据交易是目前乃至未来数据的主要流通方式之一。和其他数据流通方式相比，其突出特征就是市场化和货币化。市场化指数据交易通过市场机制，即供需平衡进行定价；货币化就是以货币为对价。其他数据流通方式比如数据公开、赠予、继承、划拨、司法判决等，都不同时具备市场化和货币化的特征。由于数据流通的是特定用途使用价值，因此数据交易的也是特定使用权，中共中央、国务院《关于构建数据基础制度更好发挥数据要素作用的意见》中明确提出，促进数据使用价值复用与充分利用，促进数据使用权交换和市场化流通。审慎对待原始数据的流转交易行为。数据持有方可以针对数据的特定使用场景、使用目的、使用方式和使用次数，在数据持有权不发生变化的前提下，把数据的特定使用价值（使用权）转让（授权）给数据的使用者，使数据交易成为数据的特定使用价值的买卖。

## 56.数据应该如何估值与定价？

通常，数据供需双方对数据价格的认定能否达成一致是交易的关键。然而，这个过程并不容易。由于明文数据流通在理论上无法定价，数据供给方与数据需求方可依托新的技术手段，只针对数据的特定使用价值进行议价和定价，这样就会让数据使用的供需目的和价值更明确，让数据流通使用（授权使用）的责任更清晰，让交易定价更容易达成。数据的定价与估值的对象从明文数据转移到了数据针对特定使用场景、使用目的、使用方式和使用次数的特定使用价值上。

数据特定使用价值的定价是受其供给与需求影响的市场化映射。一方面，由于数据的价值判断不能脱离使用场景，因此不能把数据作为计算原料单独定价，它的定价与估值和具体应用场景、使用目的、使用方法和使用次数息息相关。另一方面，影响数据价格的根本因素是对数据特定使用价值的供需关系。当市场中对某种数据的特定融合计算需求较高，但又缺少相应供给时，就会推动交易价格上涨、处于高位。相反地，当市场中对某种数据的特定融合计算需求低，数据的供给又十分充裕，就会推动数据交易价格下降、处于较低水平。

在目前阶段，数据定价还较难得出一个普遍通用性的定价方式，只能根据供需关系得出一些原理性的框架。数据的供需关系，可以通过数据的重置成本、替代成本和投入产出比等指标来量化分析。重置成本低、替代成本低的数据，说明其稀缺性较低，其交易价格也往往比较低。低投入产出比的数据，意味着即使投入很高成本也难以取得较高的相对经济回报，买方需求往往有限，卖方也就无法卖出更高的价格。因此，数据交易体现为数据的一种货币化流通，受数据特征、市场结构、竞争格局等诸多客观、现实因素的影响。这些影响因素通过数据的供给与需求参与到数据的价格与交易中，从而通过市场来促进自发的、高效的、大规模的数据交易行为，实现数据在更广泛的时空范围流通。

## 57.为什么说数据交易发生在"餐厅"，而不是"菜市场"？

数据流通实质上是一个多方数据协同融合计算，并把结果交给结果需求方（结果使用方）的过程。数据的价值传递不是明文数据的直接复制和传递，而是通过融合计算得出计算结果间接传递数据价值。数据的价值仅仅和完全反映在它所参与计算得出的计算结果的场景化使用价值上。因此，数据不能作为计算原料单独定价。然而，还有很多人认为数据交易就是直接买卖明文数据这种"原材料"，类似于在"菜市场"买卖做菜所需的原材料。这种原料买卖的传统思路，可能导致数据交易走入误区。

数据交易更像是在"餐厅"里完成的："食客"（计算结果需求方）先根据自己的需求和爱好对"菜品"（计算结果）提出要求，"厨师"（算法或应用工程师）写出或根据"菜谱"（算法），并在"厨房"（算力平台）里把食物原料按照菜谱加工成菜品交给食客。这一过程类似于，食客想吃西红柿炒鸡蛋，厨师在厨房里用西红柿、鸡蛋、油和糖等原材料炒成一盘西红柿炒鸡蛋，端上桌给客户享用。那为什么食客自己不把西红柿和鸡蛋买回家做成西红柿炒鸡蛋呢？因为西红柿拿回家可以种（复制）出更多的西红柿，是否用来炒鸡蛋不可控；鸡蛋也可以孵出很多小鸡，使用也不可控。在餐厅提供菜成品这个过程中，西红柿和鸡蛋作为菜的原材料，基因信息不会泄露，也不可能被食客挪作他用；厨师的菜谱秘方不会泄露；结果是客户也吃到了想吃的菜品。

当然，密码学家会嘲笑和批评上面的例子不够严谨，原因是西红柿炒熟了还是红的，鸡蛋炒熟了还是黄的，即"计算结果严重暴露原始数据信息"。换一个例子也许更合适——面粉、酵母、水、糖、油、鸡蛋等多种原材料混合发酵，烤成各种面包，将面包提供给食客不仅不会暴露原材料信息，还有效隐藏了原材料配置比例的信息。数据交易也是同样道理，烹饪西红柿炒鸡蛋和制作面包的过程就好比"数据可用不可见、使用可控可计量"的数据流通。

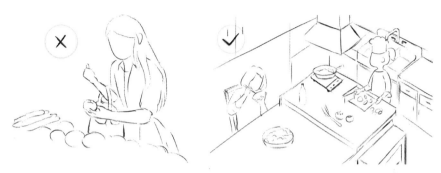

**图33 数据交易是数据使用价值在具体场景的体现，其发生在"餐厅"而非"菜市场"**

试想，如果上面的西红柿和鸡蛋一旦作为原材料被买到，买家就可以几乎零成本无限复制并随意转手会怎么样？如果这种交易在"菜市场"发生了，那么买方将摇身一变，立马无限复制并成为西红柿和鸡蛋的供应商，就会彻底扰乱这个市场的秩序。用原始数据直接买卖的思路去构建数据要素市场，会导致因数据卖方利益得不到保障而"无人敢卖"。因此，培育数据要素市场需要新的思路，交易对象应该是数据特定使用价值而非明文数据本身，数据交易应该发生在"餐厅"而非"菜市场"。

## 58.数据的场内交易和场外交易有什么不同?

"场"一般特指"交易所"（Exchange）。场内交易这一说法，主要起源于证券交易。最早的证券交易所，可以追溯到17世纪初期，在荷兰阿姆斯特丹成立的全球第一家证券交易所，当时它的交易标的是东印度公司的股票。此后，伦敦证券交易所、纽约证券交易所、东京证券交易所、香港证券交易所等纷纷成立。证券交易所都有中心化的物理或线上场所，配备各种交易服务设施，拥有专业的管理与服务人员，各自在固定的时间内，使用公开统一的交易规则，进行公开竞价交易。证券交易所的交易价格公开透明，是人们集中进行证券买卖的场所。这种在证券交易所进行的交易，被称为场内交易。场内交易因其受到严格监管，更适合用于高度标准化的交易标的。

与场内交易相对的是不在证券交易所进行的证券交易，被称为场外交易或柜面交易（Over-The-Counter，OTC）。一般来说，场外交易没有固定的场所和固定的时间，不一定使用公开统一的交易规则。场外交易通常采用议价交易方式，即通过买卖双方直接讨价还价，协商决定交易价格，交易价格往往不公开透明。场外交易一般是事后监管。场内交易与场外交易的最大区别之一是监管力度：场内交易通常受到严格监管，而场外交易的监管力度普遍远低于场内交易。场内交易与场外交易的概念被继承与延伸到了证券业之外的行业。

对于数据要素市场来说，场内数据交易一般指通过持牌的数据交易所（中心）进行的交易，场外数据交易一般指未经过数据交易所，由数据买卖双方直接进行的数据交易。这两种交易方式都是数据要素市场的有机组成部分。场内交易以高敏感高价值数据为主，是场外交易的有效补充；场外交易则能积极发挥各参与主体积极性，实现数据交易更灵活、更有效率，其是数据交易的主要组成部分。

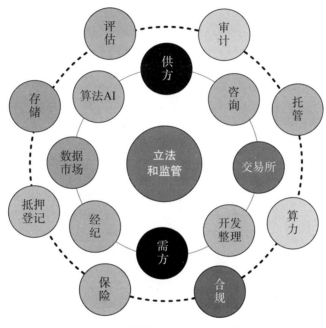

**图34　数据要素市场生态展望**

资料来源：作者自制

资料显示，目前我国数据交易也呈现出场外交易活跃、场内交易冷清的现状。2020年场内交易仅占到总体市场交易规模的4%，但场外交易繁荣的背后是存在大量黑灰产数据交易。有报道显示，我国2021年黑灰产数据交易市场规模已超过1500亿元，这意味着海量数据通过非正规渠道进行了交易流通。某公司曾在8个月时间内，传输数据约4000GB，日均传输公民个人信息1.3亿余条，总量包含公民数百亿条个人信息。虽然各地执法部门持续监管和处罚非法数据交易，但数据监管的难点和难度有别于其他生产要素，除非其侵权和滥用危害被公之于众，否则很难被发现与管制。这也是数据要素市场健康有效发展所面临的巨大难题。

因此，《关于构建数据基础制度更好发挥数据要素作用的意见》明确提出建立合规高效、场内外结合的数据要素流通和交易制度。规范引导场外交易，培育壮大场内交易。这为下阶段有效推进我国数据要素市场建设指明了方向。对于场内交易来说，重点是建立健全交易机制、加快建设和完善数据交易所等，同时还要保障算力等基础设施具备很强的可扩展性与互联互通能力，形成以数据为核心的算力、算法、经纪和评估等综合生态体系，全面降低数据的交易成本和交易门槛，使场内交易成为高效安全的数据流通手段。对于场外交易，不应"一刀切"完全禁止，而应规范、引导和实施市场准入及行为监管，在技术上通过切实可行的事后监管架构对场外交易进行有效管控，这就要求数据场外交易的基础设施具备可监管和易监管等条件。

## 59.如何避免数据交易侵害第三方权益?

近年来，电信诈骗、黑灰产交易个人信息，导致消费者隐私暴露、生命财产安全遭受损失等案件频发，如2022年"3·15晚会"公开了关于骚扰电话黑产、儿童智能手表等数据泄露与滥用的相关典型案例。当然，数据安全不仅局限于个人信息安全问题，国家安全也可能受到非法数据交易的威胁，如大型网约车平台积累的海量出行数据与地图信息等，一旦这些数据被不法分子用来进行非法交易，有可能威胁到国家安全。

避免数据交易侵害第三方权益，需要考虑以下两方面的因素：一是数据交易本身的合法性。很多非法数据交易涉及未经个人同意采集并买卖个人信息，《个人信息保护法》实施后，处置这种违法行为已经有章可循。此外，如果合同涉及数据转移，并未采取技术手段保护数据信息不泄露，那么数据转移后就会失去对数据使用目的、方式和次数的严格管控，可能导致数据再被用于损害相关主体权益的现象，如"大数据杀熟"。此时数据提供者也需承担连带责任。二是数据交易的负外部性。数据交易和使用存在巨大的负外部性。因此，在数据交易中，需要管控交易双方只考虑自身利益而忽视他人、社会甚至国家利益的倾向。

防止数据交易对第三方带来伤害，管控数据交易的合法性和负外部性，需要全面加强数据交易的监管。中共中央、国务院《关于构建数据基础制度更好发挥数据要素作用的意见》提出，要制定数据流通和交易负面清单，明确不能交易或严格限制交易的数据项。此类负面清单制度是防范数据交易风险的有效措施。而对于数据这种具有零复制成本、极强负外部性的特殊生产要素，对其交易监管也需要全新的思路。除从管理方面加强法律法规的执行外，还需通过新的技术手段对数据交易的使用目的、方式和次数进行管控。特别是高敏感高价值数据交易，应纳入使用可控方可流通交易的轨道上来，这样才能有效监管数据交易的合法性、负外部性，维护第三方权益和国家数据安全等。

## 60. 数据供给存在哪些突出问题？

目前数据要素市场发展的瓶颈问题，是存在较为严重的数据供给不足问题。如工业互联网产业联盟组织2020年的《工业大数据利用和管理》问卷调查显示，95%受访对象需要从外部获取数据，但这一过程相当不顺利：仅有11%的受访对象表示获得外部数据相对容易，有明确的渠道；有80%的受访对象则表示过程不容易，靠自己寻找和沟通获得；有近30%的受访对象抱怨难以说服对方提供数据，还有30%的受访对象则说不知道哪里有数据。总结起来，数据供给不足的主要原因包括"不敢供给"、"不愿供给"和"不会供给"三个方面。

"不敢供给"主要因为数据责任和权属问题。目前关于数据流通，尤其是数据供给的法律法规责任细则有待完善。特别是数据的权属界定和机制尚不明朗，数据持有方对把数据投入到流通环节的具体责任还缺乏明确的认识和把握，因此不敢轻易将数据进行流通。以公共数据为例，政务服务、教育、医疗、交通、能源等领域还存在大量沉睡数据，未能充分开发利用。如果这些公共数据能够进入数据要素市场，将对于支撑促进经济社会发展具有重要意义，并可进一步带动更大范围的数据流通。

"不愿供给"主要是经济利益问题。目前数据要素市场建设尚处于早期，相关的定价和流通机制还不完善。数据持有方对自己持有的数据的价值和价格还缺乏清晰的认识和判断。虽然，很多机构对于其工作中采集到的数据，所需要承担的数据安全责任十分清晰，但对通过数据创造的收益分配却无明确规定。在这种权、责、利不对等的情况下，各方主动供给数据的动力不强。因此，亟待出台激励数据流通的制度措施，明确数据流通的经济收益，保障政府、企业将数据流通后获取经济回报，有利可得。这是释放数据供给主动性与积极性的前提。

"不会供给"主要是技术能力问题。数据进入流通之前，需要先将原始数据进行清洗、整理、打标签等技术处理，使原始数据"可机读"；之后还需要运用隐私保护技术、区块链、智能合约等技术，使原始数据可以安全合规地进行交易流通。目前很多数据持有方尚不具备这种能力或条件，导致其数据还不具备可以进入交易流通状态的条件。如《工业大数据利用和管理》调研显示，仅有不到5%的受访企业表示对获得的数据满意，近70%认为数据质量堪忧。同时

86%的受访企业担心对外分享数据会泄露商业秘密，在回答消除顾虑的可能办法时，近80%的受访企业希望数据分享的范围可控。当前，多方安全计算等新型流通技术的普及程度仍然不高，导致"不会供给"也成为数据要素市场建设的紧迫问题。

## 61. 如何理解"数据要素由市场评价贡献、按贡献决定报酬"？

一直以来，生产要素的分配制度都在经济发展中扮演重要角色，是一个国家经济制度的基石。人类文明中，生产力的每一次腾飞都与新的生产要素投入生产并参与分配密不可分。如人类文明早期从采集狩猎发展到农业社会，其本质是从劳动作为单一生产要素投入变为劳动与土地的双要素投入，土地所有者因此也获得大量财富回报。工业革命时期，资本成为新的生产要素，资本家通过购置机器和厂房等进入生产，细化社会分工并推动生产力又一次大爆发，资本家也由此获取巨大的资本回报。数字经济时代，数据是数字化、网络化、智能化的基础，已快速融入生产、分配、流通、消费和社会服务管理等各个环节，深刻改变着生产方式、生活方式和社会治理方式。因此，我国提出数据作为生产要素，建立"由市场评价贡献、按贡献决定报酬的机制"，来推动数据要素化进程。这也是党和国家与时俱进、不断发展中国特色社会主义经济体制和分配制度的体现。

本质上，"数据要素由市场评价贡献、按贡献决定报酬"，要求完善数据要素市场化配置机制，更好发挥政府在数据要素收益分配中的引导调节作用，建立体现效率、促进公平的数据要素收益分配制度。由政府加强引导，避免收益分配中的公平缺失；由市场化力量进行数据要素的贡献评价与报酬分配，即通过供给与需求来决定数据的贡献，以数据交易价格的形式来取得相应的报酬，体现收益分配的社会效率。在市场经济中，价格是市场化有效分配与评价贡献的手段。例如，在劳动力市场、资本市场中，按市场评价贡献、按贡献决定报酬的机制意味着，工资是劳动生产要素的价格，利率是资本生产要素的价格，分别由其市场供需关系决定。同样，数据由市场评价贡献、按贡献决定报酬，是数据要素市场建设的根本目标。

首先，要明确数据由市场评价贡献，是根据其在具体场景中通过协同融合计算结果创造的使用价值来衡量的。这个结果的使用价值又体现在其为社会生产活动创造的经济效益，而经济效益本身受具体市场的供需影响。中共中央、国务院《关于构建数据基础制度更好发挥数据要素作用的意见》提出，推动数据要素收益向数据价值和使用价值的创造者合理倾斜，确保在开发挖掘数据价值各环节的投入有相应回报，强化基于数据价值创造和价值实现的激励导向。其次，量化数据贡献的大小，可通过科学的方法解决多源数据参与同一个计算的价值分配问题，由此形成合理的经济分配机制。最后，通过市场供需关系形成的数据价格，来确认数据的贡献与报酬。市场交易价格是交易双方对该数据所创造的经济效益增量的一致认可。因此，"数据要素由市场评价贡献、按贡献决定报酬"的核心，即在于其具有市场化的交易机制与其可发挥的价格信号作用，实现数据要素的大规模流通与有效分配。将数据交易锁定在特定使用价值的交易上，使得数据的特定使用价值所创造的贡献更加明晰，有利于构建安全透明、集约高效的数据交易市场。

## 62. 如何建立数据可信流通体系？

数据可信流通，主要是指对数据在流通使用中安全性的信任，是数据安全性的"可信"。数据可信流通体系是服务和支持这种可信数据流通的体系。中共中央、国务院《关于构建数据基础制度更好发挥数据要素作用的意见》明确要求，建立数据来源可确认、使用范围可界定、流通过程可追溯、安全风险可防范的数据可信流通体系。构建可信数据流通环境，首先，需要多方安全计算、区块链、智能合约等技术支撑，实现供给方对数据持有权不变的前提下，有效管控数据计算价值使用的目的和方式，保障数据流通使用的安全与合法，防范数据流通过程中的安全风险。其次，需要建立各方监督机制，并可引入权威的第三方组织，构建公平合作规范体系，完善数据全流程合规和监管规则体系。最后，要将加快建设数据要素市场作为流通体系的重要组成部分，建立合规高效的数据要素流通和交易制度。

一般而言，除了数据提供方、结果使用方、算法算力提供方等常规参与方以外，调度方和监管方往往在可信流通体系中扮演重要角色。调度方是可信流通体系的"总指挥"，综合管理参与方、数据和算法资源及计算任务，确保计算系统经济、高效运行。监管方是可信流通体系的"守门人"，将全面核查、审计数据使用关键环节，保障数据流通不会对他人利益造成损害。各方应秉承开放合作理念，充分发挥各自职能，协力构建开放、协作、共赢的数据可信流通体系。

## 63.如何构建高效的数据流通基础设施？

中共中央、国务院《关于构建数据基础制度更好发挥数据要素作用的意见》提出，构建集约高效的数据流通基础设施，为场内集中交易和场外分散交易提供低成本、高效率、可信赖的流通环境。《数据安全法》第14条第1款明确提出，国家实施大数据战略，推进数据基础设施建设，鼓励和支持数据在各行业、各领域的创新应用。为避免形成行业和地区数据孤岛，需构建高效的数据流通基础设施，实现全社会利用最少资源最集中投入，产生数据流通的最大经济效益。

一直以来，基础设施建设在国民经济发展中起着非常关键的作用。如国家电网、铁路网、公路网等基础设施，前期投入虽然很高，但建成后作为枢纽和主干线都会有效降低物流、电力的总体传输成本，推动经济资源跨区域高效配置。据交通运输部相关专家测算，高速公路基础设施的建设发展对GDP贡献率达到14.1%，其对国家经济发展的带动和促进作用可见一斑。因此，构建高效的数据流通基础设施，是推动以数据为关键要素的数字经济发展的关键一环。

与传统以人员、物品为传输对象的铁路、公路等基础设施不同，数据流通基础设施的传输对象为数据使用价值。因此，数字经济的发展需要以核心技术为基础，应该进一步增加数据交易类技术、数据流通审计技术、数据建模与模型治理等底层技术的投入，并以这些底层技术"新基建"为引领。一般来看，数据流通基础设施主要可划分为企业集团级、行业级、跨行业、跨境四大层次。企业集团级数据流通基础设施服务企业集团自身，主要作用是连接各部门、各子公司，形成高效的业务协同。行业级数据流通基础设施着重解决行业共性问题，由监管当局、相关协会等作为主导方发起建设。跨行业数据流通基础设施依托数据交易所等具有公信力的第三方机构，着力实现行业间数据融合流通。跨境数据流通基础设施，致力于推动数据使用价值跨境安全释放。几大层次数据流通基础设施层次分明，前一层级为后一层级基础设施的有机组成部分，且相互贯通。

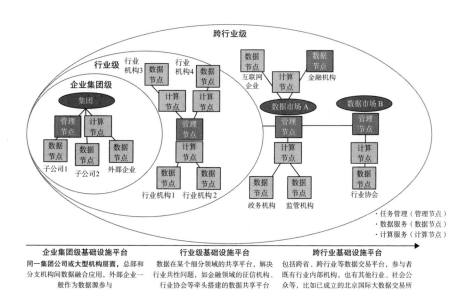

**图35　境内数据流通基础设施示意图**

资料来源：作者自制

数据流通基础设施建设应渐进推进，顶层设计着重突出以下几方面内容：（1）对数据进行分类分级管理。高价值高敏感数据流通需更强的保护措施、需要消耗更大算力，更适合在场内进行交易流通。数据交易所应该明确公共属性，推进交易所和数据服务商进行功能分离，突出交易所合规监管职能和基础服务功能。敏感度低、安全风险隐患小、由少量互信方参与的数据流通，可适度依托场外交易自发进行，突出效率优先、市场主导，应避免"一刀切"造成算力浪费。（2）增强其技术通用性，优化数据流通枢纽节点配置。基础设施建设前期投入较大，承载的数据流通体量达到一定程度才能实现规模经济。通用性强的基础设施可承载多样化数据流通方式，提升基础设施使用率，加快降低边际成本。鼓励各地探索设立区域性数据交易中心和行业性交易平台，推动区域性、行业性数据流通使用。可通过建立行业标准来降低技术门槛，构建安全可控的数据共享环境。（3）充分利用已有的云计算平台算力。云计算具有可扩展性、高伸缩性、高可靠性等特点，用于数据流通基础设施建设可增加建设路径的灵活性，避免初期投入过大、废而不用、造成浪费。（4）适时推进数据流通平台间的互联互通标准建设和实施，实现数据流通的网络效应和有机生长，推动实现全社会范围内的规模经济。

## 64.数据流通基础设施应该运用什么样的运营理念？

数据流通基础设施是数据流通的关键，其核心功能是提供居间撮合及交易相关服务，通过场内交易使数据交易规范化、集约化、高效化，培育数据交易健康生态，促进数字经济发展。对地方和国家经济来讲，数据流通基础设施对数据生态和数字经济的促进和支撑作用，远远大于数据交易所本身的盈利。

传统的基础设施通常采用"能力运营"的思路，即赋予建成的功能性设施以最大化的使用价值。例如，公路、铁路、电网等基础设施，建立初期就有一个运力负载测算，并规划其最大限值，超出该范围的运营将突破安全边界，从而不被允许。因此，这类基础设施的运营是在明确的运输能力范围内，通过管理优化最大化发挥基础设施的承载效能。这种先明确上限，后在此基础上做内部优化的运营管理是能力运营的思路。数据流通基础设施运营和这种提前限定价值的运营方式有着本质不同。如仅采取"能力运营"的思路，会使得数据基础设施运营者不关心数据的用途，不关心数据流通所创造的价值，一方面难以有效发挥数据的价值，另一方面甚至可能带来负面危害。因此，是否有能力对数据进行处理与应用，反而不应作为数据流通基础设施所考虑的首要条件。

数据流通基础设施的运营可借鉴金融行业的"价值运营"思路，即最大化它承载和赋能的资源的价值。如股票交易所提供了股票交易的场所，但并不限定每只股票具体的交易价格，后者仅由市场供需双方确定。股票交易所的运营，也并不限定其服务的上市企业估值上限应达到多少。数据显示，截至2022年5月23日，我国上海证券交易所已上市股票2136只，总市值45.5万亿元，流通市值38.8万亿元，这是其成立之初无法提前预估的数值。赋予这种开放式的无限增长空间，正是"价值运营"的核心所在。

"价值运营"思路下的数据流通基础设施能力建设，是为最大化它承载和赋能的数据资源的价值服务的，在既定的运营思路和价值实现方案下，配套建设相应的制度规则和技术实现能力。如何最大化数据流通基础设施所承载的数据价值，即最大化融合计算结果的使用价值，是其建设和运营的首要课题。

## 65.数据流通基础设施怎么走向"互联互通"？

建设数据流通基础设施主要是为了提高流通效率、降低流通成本、规范流通行为。因此，在这个过程中必须满足互联互通的原则。好比为了加强省际的人员物资流动，修建一条跨省铁路，那么跨省铁路一定会采用相同的轨距，方便列车通行。如美国南北战争以前，北方铁路参照英国标准的铁轨轨距，而南方铁路则采用宽轨轨距，导致南北方铁路并不互联互通，这既是当时美国南北分裂的产物，同时也更加加深了美国南北方的割裂，影响了美国全国市场统一的步伐和效率。

2022年4月，中共中央、国务院发布《关于加快建设全国统一大市场的意见》，从全局和战略高度出发，提出将从基础制度建设、市场设施建设等方面加快建设全国统一的大市场。2022年12月，中共中央、国务院《关于构建数据基础制度更好发挥数据要素作用的意见》提出，构建集约高效的数据流通基础设施，为场内集中交易和场外分散交易提供低成本、高效率、可信赖的流通环境。促进区域性数据交易场所和行业性数据交易平台与国家级数据交易场所互联互通。数据流通基础设施建设，也应从底层架构上支持构建全国统一的数据要素大市场的理念，响应国家顶层设计要求。因此，不同基础设施之间的互联互通则是必要的。

从人类已有的信息科技发展历程来看，互联网可以说是当今世界上最成功的互联互通技术架构之一。互联网使用一组体系化的协议将设备与设备、网络与网络连接起来，造就了世界上时空范围跨度最广的互联互通案例。从1971年全球第一封电子邮件发出，到2021年49.4亿人的全球互联网人口规模，全球约62.8%的人口已经接入互联网。互联网为人与人之间的信息互联互通创造了最为广泛的时空平台。因此，在设计思路上，数据流通基础设施的互联互通可以借鉴互联网的相关设计理念。

参照互联网，数据流通互联互通可主要设计控制面、数据面两大类协议（见图36）。其中，控制面协议可参考互联网路由协议的设计思路，每个数据流通基础设施也可被视为一个自治系统（Autonomous System，AS）。每个自治系统可自主决定其内部允许连接哪些设备、采用哪种底层网络技术和路由策略，实现"自我治理"，而对于自治系统之间的连接则采用外部路由协议－边界网关协议（Border Gateway Protocol，BGP）。基础设施之间的相互连接通过统一的、兼容并包的外部接口（可将其称为跨域数据交换Inter-Domain Data Exchange，IDDE）来实现，这样既保证了每个平台的内部自治，又能统筹各个平台的资源，协调完成数据流通任务。

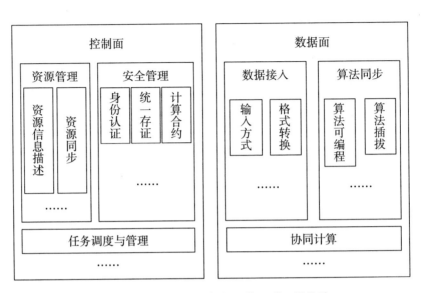

**图36　基于控制面和数据面的互联互通设计**

*资料来源：《基于隐私计算的数据流通平台互联互通思考》*

关于数据面协议，借鉴互联网协议层次化设计思路，不同的数据流通基础设施在顶层应用和底层技术上的选择可以多样化。其中，顶层覆盖常见的联合统计、隐匿查询、隐私求交、联合建模等丰富的应用层算法，能被应用于多种应用场景。而底层则包括各类不同的隐私保护计算技术，例如多方安全计算、可信执行环境等。但无论是什么技术，其目的都是流通数据的特定使用权。此外，控制面与数据面需要解耦设计，即二者的协议之间在技术实现上完全解耦。这样既能保证互联互通，又允许采用不同的设计思路和实现架构，从而降低实现难度，利于避免技术垄断，促进技术多样发展和高速创新。

第五章

探索：
数据要素市场的最新实践

到2023年，试点工作取得阶段性成效，在数据要素市场化配置基础制度建设探索上取得积极进展。到2025年，基本完成试点任务，要素市场化配置改革取得标志性成果，为完善全国要素市场制度作出重要示范。

——《要素市场化配置综合改革试点总体方案》

# 66."十四五"规划对数据提出了哪些具体要求?

将数据上升为生产要素，是我国重大的数字经济理论创新，体现出中国特色社会主义制度的优越性。"十四五"时期，我国进入由工业经济向数字经济大踏步迈进的关键时期，数据价值释放成为重要命题。在《中华人民共和国国民经济和社会发展第十四个五年规划和2035年远景目标纲要》（以下简称"十四五"规划）中用了整篇来论述数字经济的发展规划，提出"迎接数字时代，激活数据要素潜能，推进网络强国建设，加快建设数字经济、数字社会、数字政府，以数字化转型整体驱动生产方式、生活方式和治理方式变革"，并要求"建立健全数据要素市场规则，统筹数据开发利用、隐私保护和公共安全，加快建立数据资源产权、交易流通、跨境传输和安全保护等基础制度和标准规范"。在未来，伴随着我国数据要素市场逐步建立，相关制度规范不断完善，将进一步激发数字经济活力，并带动平台经济、共享经济健康发展。

在"十四五"规划指导下，2021年11月，工信部印发了《"十四五"大数据产业发展规划》，提出"加快培育数据要素市场，建立数据价值体系"，这在延续"十三五"规划关于大数据产业定义和内涵的基础上，进一步强调了数据价值。2022年1月，国务院印发了《"十四五"数字经济发展规划》，提出"数据资源体系基本建成，利用数据资源推动研发、生产、流通、服务、消费全价值链协同。数据要素市场化建设成效显现，数据确权、定价、交易有序开展，探索建立与数据要素价值和贡献相适应的收入分配机制，激发市场主体创新活力"。其规划紧扣数字经济特征优势，从要素、产业、融合、治理等方面系统布局，为"十四五"时期推动数据价值释放提供了重要指引。

至此，我国"十四五"期间关于数据的顶层设计基本完成，体现出党和国家把充分发挥数据价值放在重要的战略位置。同时我们也看到，构建一个统一公平、竞争有序、成熟完备的数据要素市场体系不仅是国家顶层的规划目标，也是各市场微观主体的迫切愿望。相信在未来，我国数据要素市场将不断培育成熟，实现以数据促进生产、分配、流通、消费各环节高效贯通，为促进数字产业化和产业数字化发展贡献力量。

## 67. 全国算力一体化枢纽体系是什么？"东数西算"工程如何支撑数据要素市场建设？

当前，我国数据中心大多分布在东部地区。由于土地、能源等资源日趋紧张，在东部大规模发展数据中心的模式难以为继，而我国西部地区资源充裕，特别是可再生能源丰富，具备发展数据中心、承接东部算力需求的潜力。为充分发挥我国体制机制优势，从全国角度对数据中心进行一体化布局，优化资源配置，提升资源使用效率，2021年5月，发改委、中央网信办等四部门联合印发《全国一体化大数据中心协同创新体系算力枢纽实施方案》，并作出全国算力一体化枢纽体系规划。具体地，方案提出要统筹围绕国家重大区域发展战略，根据能源结构、产业布局、市场发展、气候环境等，在京津冀、长三角、粤港澳大湾区、成渝，以及贵州、内蒙古、甘肃、宁夏等地布局建设全国一体化算力网络国家枢纽节点。

## 小贴士9

### "东数西算"

"东数西算"工程指通过构建数据中心、云计算、大数据一体化的新型算力网络体系，将东部算力需求有序引导到西部，优化数据中心建设布局，促进东西部协同联动。2022年2月，8个国家算力枢纽节点和10个国家数据中心集群完成批复，全国一体化大数据中心体系完成总体布局设计，"东数西算"工程正式全面启动。

"东数西算"带来数据的跨域流动，是实现数据产业集聚和区域协调发展的重要路径。实施"东数西算"工程，推动数据中心合理布局、优化供需、绿色集约和互联互通，具有多方面意义。一是有利于提升国家整体算力水平。通过全国一体化的数据中心布局建设，扩大算力设施规模，提高算力使用率，实现全国算力规模化集约化发展。二是有利于促进绿色发展。加大数据中心在西部布局，将大幅提升绿色能源使用比例，就近消纳西部绿色能源，同时通过技术创新、以大换小、低碳发展等措施，持续优化数据中心能源使用效率。三是有利于扩大有效投资。数据中心产业链条长、投资规模大，带动效应强。通过算力枢纽和数据中心集群建设，将有力带动产业上下游投资。四是有利于推动区域协调发展。通过算力设施由东向西布局，将带动相关产业有效转移，促进东西部数据流通、价值传递，延展东部发展空间，推进西部大开发形成新格局。

## 68.目前出台了哪些地方性数据相关政策？

在中央出台的相关规划文件指导下，各地方政府也陆续制订了数据方面的政策。从分类来看，这些政策文件主要可分为地方数据条例和数据产业相关的发展规划，对地方培育数据要素市场提出了规范要求，同时也指明了方向。截至2022年6月，以贵州、上海、天津、海南、广东、陕西等为代表的各省市结合各地区实际发展情况，制定了地方数据条例，提出加快数据要素市场建设，推动数字经济健康发展。地方数据发展条例主要从数据的采集共享、开发应用、安全保障等角度作出规定，在注重数据保护的基础上，逐步突出了对区域数据要素市场建设的重视。

各地数据条例在大原则方面基本相同，但具体规定上则各有侧重。如在数据类型方面，贵州、天津、海南等地主要面向公共数据，而深圳和上海出台的数据条例除涉及公共数据外，也涵盖了个人数据。在公共数据共享方面，各地区以共享为原则，不共享为例外，并将公共数据划分为无条件共享、有条件共享和不予共享三类。而对于有条件共享和不予共享的数据，不同地区规定略有差异，如天津、陕西等地要求数据提供者向相关部门报备，而吉林等地则是通过向省大数据平台申请。在数据安全管理方面，各省市以坚持"数据应用与安全并重"为基本原则，天津、贵州等地要求相关负责单位建立数据安全防护管理制度，制定数据安全应急预案，并定期开展安全评测、风险评估和应急演练，安徽、上海、山东等地则是采用谁所有谁负责、谁持有谁负责、谁管理谁负责、谁使用谁负责、谁采集谁负责的原则，数据同时存在多个处理者的，各数据处理者分别承担各自的安全责任。

与此同时，北京、浙江、广东、山东、贵州、黑龙江、河南、湖北等省市地方政府陆续制订了有关地方大数据产业、数字经济、数据要素等方面的发展规划，提出要释放数据价值、培育数据要素市场（见表8）。各省市围绕大数据产业规模、大数据基础设施建设、大数据应用层面制定了量化的发展目标，并在具体内容方面结合各省市具备的基础条件和产业特色优势，以扩大优势、补短板为主要方向。例如北京、广东等地凭借较强的技术创新能力、较好的数字设施基础和已初步形成大数据产业集群的先发优势，提出面向国际或国家的大数据产业高地定位，打造数字经济发展的先导区和示范区。部分数字基础设施建设较为薄弱的地区也勇于创新，充分发挥特色产业优势，力争在大数据发展竞争中实现弯道超车。

**表8　部分地方政府数据要素化相关政策**

| 发布时间 | 发布省市 | 文件名称 |
|---|---|---|
| 2019年1月 | 天津市 | 《天津市促进大数据发展应用条例》 |
| 2019年11月 | 海南省 | 《海南省大数据开发应用条例》 |
| 2020年7月 | 山西省 | 《山西省大数据发展促进条例》 |
| 2020年9月 | 贵州省 | 《贵州省政府数据共享开放条例》 |
| 2021年3月 | 安徽省 | 《安徽省大数据发展条例》 |
| 2021年7月 | 深圳市 | 《深圳经济特区数据条例》 |
| 2021年11月 | 上海市 | 《上海市数据条例》 |
| 2021年12月 | 福建省 | 《福建省大数据发展条例》 |
| 2022年3月 | 河南省 | 《河南省数据条例（草案）》（征求意见稿） |
| 2022年3月 | 浙江省 | 《浙江省公共数据条例》 |
| 2022年4月 | 重庆市 | 《重庆市数据条例》 |
| 2020年9月 | 北京市 | 《北京市促进数字经济创新发展行动纲要（2020-2022年）》 |
| 2021年7月 | 浙江省 | 《浙江省数字经济发展"十四五"规划》 |

续表

| 发布时间 | 发布省市 | 文件名称 |
|---|---|---|
| 2021年7月 | 广东省 | 《广东省数据要素市场化配置改革行动方案》 |
| 2021年11月 | 福建省 | 《福建省"十四五"数字福建专项规划》 |
| 2021年12月 | 山东省 | 《山东省"十四五"大数据产业发展规划》 |
| 2021年12月 | 贵州省 | 《贵州省"十四五"数字经济发展规划》 |
| 2021年12月 | 黑龙江省 | 《黑龙江省大数据产业发展规划（2021-2025年）》 |
| 2022年2月 | 河南省 | 《河南省"十四五"数字经济和信息化发展规划》 |
| 2022年3月 | 湖北省 | 《湖北省大数据产业"十四五"发展规划》 |
| 2022年5月 | 北京市 | 《北京市数字经济全产业链开放发展行动方案》 |
| 2022年7月 | 上海市 | 《上海市数字经济发展"十四五"规划》 |
| 2022年9月 | 陕西省 | 《陕西省大数据条例》 |
| 2022年11月 | 广西壮族自治区 | 《广西壮族自治区大数据发展条例》 |
| 2022年11月 | 北京市 | 《北京市数字经济促进条例》 |
| 2022年12月 | 四川省 | 《四川省数据条例》 |

资料来源：各省人民政府网站

## 69.政府数据授权运营目前已有哪些政策支持？

目前，政府掌握了海量且价值极高的数据资源，这些数据资源不仅能够用于提升政府治理和公共服务水平，同时也能发挥数据的经济价值，为产业提供"生产要素"。政府数据授权运营是指政府授权有数据运营能力的相关机构，将数据作为国有资产统一对外进行市场化运营。被授权机构保障政府数据在安全可信的环境下，实施数据开发利用，提供数据产品和服务。同时，机构从经营上自负盈亏，并和政府在授权时单独约定收益分配方式。

政府数据授权运营是探索出的政府数据参与要素市场化配置可行路径，能够充分挖掘和释放政府数据的经济社会价值。我国在"十四五"规划中就已经提出了"开展政府数据授权运营试点，鼓励第三方深化对公共数据的挖掘利用"。2022年12月，中共中央、国务院《关于构建数据基础制度更好发挥数据要素作用的意见》提出，推进实施公共数据确权授权机制。鼓励公共数据在保护个人隐私和确保公共安全的前提下，按照"原始数据不出域、数据可用不可见"的要求，以模型、核验等产品和服务等形式向社会提供，对不承载个人信息和不影响公共安全的公共数据，推动按用途加大供给使用范围。2022年9月，国务院办公厅《全国一体化政务大数据体系建设指南》中提出"鼓励依法依规开展政务数据授权运营，积极推进数据资源开发利用，培育数据要素市场。探索利用身份认证授权、数据沙箱、安全多方计算等技术手段，实现数据"可用不可见"，逐步建立数据开放创新机制"。2022年10月，浙江省发布《浙江省公共数据授权运营管理暂行办法（征求意见稿）》，明确了包括政府数据在内的公共数据授权运营的基本原则、工作机制、授权程序和条件等内容，这是国内首个针对数据授权运营的专项文件。2021年11月，上海市发布了《上海市数据条例》，对上海地区的公共数据授权运营提出了更明确的规范，即"本市建立公共数据授权运营机制，提高公共数据社会化开发利用水平。市政府办公厅应当组织制定公共数据授权运营管理办法，明确授权主体，授权条件、程序、数据范围，运营平台的服务和使用机制，运营行为规范，以及运营评价和退出情形等内容"。

政府数据授权运营在各地已有诸多实践。2018年成都市大数据股份有限公司获得市政府政务数据集中运营授权，搭建了成都市公共数据运营服务平台。2020年10月，该平台形成了第一批政府数据运营需求清单，涉及17个部门、55类数据。2021年3月，平台进一步形成第二批政府数据运营需求清单，涉及300多类数据，涵盖企业信用、交通、民生、住房建设等方面。2019年7月，数字重庆大数据应用发展有限公司成立，重庆市政府依托该公司上线了全市政务数据运营平台，标志着重庆市在推动数据资源"聚通用"及大数据发展生态建设优化上迈出了实质性一步。2020年9月，北京市发布《关于推进北京市金融公共数据专区建设的意见》，北京市经济和信息化局创新"政府监管+企业运营"的公共数据要素市场化应用模式，利用金融业覆盖领域广、数据需求大、应用场景多等方面优势，授权北京金融控股集团有限公司所属北京金融大数据公司建设金融公共数据专区，并承接公共数据托管和创新应用任务。

当然，截至目前我国政府数据授权运营仍然处于探索阶段，更加繁荣的发展还需加强从制度到法律层面的保障，特别是对数据权属界定、定价、交易、安全保护等环节予以规范，在充分挖掘数据价值的同时保障数据安全，避免国有资产流失。

## 70. 我国数据交易所发展经历了哪几个阶段？

数据交易所是有关数据交互、整合、交换、交易的场所。我国长期重视数据的场内交易发展，数据交易所、数据交易中心、数据交易平台均属此类，只是称呼不同。数据交易所的发展阶段可从不同角度划分，由于数据交易天然具有技术属性，因此在技术角度分类较有代表性。总体来看，我国数据交易所在技术上经历了三个发展阶段：第一阶段是明文数据交易所，数据交易十分受限，几乎没有企业在其中进行交易。第二阶段是API数据交易，只适用于一些特定的统计场景分析，进行数据交易后购买方可以进行数据计算。第三阶段是新型数据交易所，引入了多方安全计算等隐私保护计算技术，基于多方数据汇聚进行密文计算，不直接交易明文数据，而交易数据的特定使用价值。这种交易是一种新型的合约，提供数据后用什么算法，结果归谁，这是交易的主要内容。

第一阶段的数据交易所的典型代表是贵阳大数据交易所。它也是全国乃至全球第一家大数据交易所，在成立之初就承担着重大使命，旨在推动政府数据公开、行业数据价值发现，通过清洗、脱敏、分析、建模等技术手段规范大数据交易，驱动贵州乃至全球大数据产业发展。最初的设计思路主要是各类大数据技术公司负责数据产品生产，而交易环节由交易所承担。但由于当时条件有限，交易规范并不完善，数据在交易过程中缺乏安全保护，交易各方均有可能私下缓存数据，存在私自留存、复制、转卖等风险，该交易所发展规模受到一定限制。

第二阶段的数据交易所的数量较第一阶段有显著增多。2015-2020年期间，各地又陆续成立了武汉东湖大数据交易中心、华东江苏大数据中心、哈尔滨数据交易中心、浙江大数据交易中心、北部湾大数据交易中心等，这些交易所在API数据交易、数据分析建模服务等方面做出了探索，并提供了针对不同行业的数据类别，使数据在特定场景下发挥价值，对我国数据交易所发展壮大起到了积极的作用。但这一阶段仍是以原始数据加工为主，数据交易也没有大规模展开。

第三阶段的数据交易所目前正在各地蓬勃涌现。十九届四中全会将数据定义为生产要素后，我国培育数据要素市场的进程加快。特别是自2021年以来，为深入贯彻落实国家大数据发展战略，加快推进数据交易基础设施建设，促进数据要素市场化流通，新型数据交易所纷纷成立，较有代表性的包括北京国际大数据交易所和上海数据交易所。两个交易所均在数字登记、评估、共享、交易、应用等方面提出新的探索，引入了多方安全计算、区块链等新技术，进一步引导数据资源市场化配置，推动数据流通，促进数字经济发展。2022年11月，深圳数据交易所也挂牌成立，致力于创新完善数据交易规则、技术路径、标准规范和商业模式，坚持合规发展，构建安全可信、可控、可追溯的数据流通监管体制，保障数据安全有序规模化流动，为全国加快培育数据要素市场积累经验。

## 71. 以北京、上海为代表的新设立的数据交易所究竟"新"在哪里？特点是什么？

我国早期设立的数据交易所主要是基于明文数据交易的理念，围绕明文数据定价、交付、安全保障等来制定交易规范，以单纯的数据原材料买卖为主。在实践中，这类交易所在数据交易方面缺乏统一标准，并受明文数据一旦给出就无法控制用途用量的限制，数据价值并未真正得到体现。而且，我国数据交易所参与方早期主要采用会员制，但对入会成员未制定统一标准要求，特别是会员认证过程中重身份属性认证，未对企业资质等做明确要求，因此无法保证交易数据质量的权威性和准确性。在此背景下，为了探索新型数据流通机制，促进数据要素市场化配置，打造贯彻新发展理念的数据交易枢纽，北京国际大数据交易所和上海数据交易所相继设立。

2021年3月，北京国际大数据交易所（以下简称"北数所"）挂牌成立，其是国内首家基于"数据可用不可见、用途可控可计量"新型交易范式的数据交易所，定位于打造国内领先的数据交易基础设施和国际重要的数据跨境流通枢纽。总体来看，北数所主要有以下几个特点：一是以创新技术为支撑。依托北京在多方安全计算、区块链等领域的技术先发优势，将数据解构为可见的"具体信息"和可用的"计算价值"，对其中的"计算价值"进行确权、存证、交易，实现数据流通的"可用不可见、可控可计量"，为数据供需双方提供可信的数据融合计算环境。二是以特色模式为引领。准入方面，将实行实名注册的会员制，对数据来源进行合规审核，对数据交易行为进行规范管理。管理方面，实行数据分级分类管理，创新免费开放、授权调用、共同建模、密文计算等多种融合使用模式。流转方面，探索从数据、算法定价到收益分配的涵盖数据交易全生命周期的价格体系，形成覆盖数据全产业链的数据权属界定框架。产业链延伸方面，培育数据来源合规审查、数据资产定价、争议仲裁等中介机构。三是以特色规则为保障。北数所发布了《北京数据交易服务指南》，囊括架构、方式、机制、安全等数据交易服务细则，并探索建立大数据资产评估定价、交易规则、标准合约等政策体系，积极推动数据创新融通应用纳入"监管沙盒"。构建数据交易市场风险防控体系，建立数据安全备案机制和数据要素市场安全风险预警机制，强化关键领域数字基础设施安全保障。四是以特色生态为延展。与北数所同时成立的还有北京国际数据交易联盟，成员包括大型商业银行、电信运营商、头部互联网企业以及数据中介服务等50多家机构或企业。这是北数所交易生态打造的重要部分。此外，北数所还将积极探索跨境数据安全流通，积极吸引跨国企业和国际机构加入，构建立足中国、面向国际的国家级数据资源流通生态体系。

2021年11月，上海数据交易所挂牌设立。其重点聚焦确权难、定价难、互信难、入场难、监管难等关键共性难题，配套形成系列创新安排。一是全国首发数商体系，全新构建数商新业态，涵盖数据交易主体、数据合规咨询、质量评估、资产评估、交付等多领域，培育和规范新主体，构筑更加繁荣的流通交易生态。二是全国首发数据交易配套制度，率先针对数据交易全过程提供一系列制度规范，涵盖从数据交易所、数据交易主体到数据交易生态体系的各类办法、规范、指引及标准，确立了"不合规不挂牌，无场景不交易"的基本原则，让数据流通交易有规可循、有章可依。三是全国首发全数字化数据交易系统，上线新一代智能数据交易系统，保障数据交易全时挂牌、全域交易、全程可溯。四是全国首发数据产品登记凭证，通过发放数据产品登记凭证与数据交易凭证，实现一数一码，可登记、可统计、可普查。五是全国首发数据产品说明书，以数据产品说明书的形式使数据可阅读，将抽象数据变为具象产品。

## 72. 金融业为什么是数据价值释放的"前沿阵地"？

金融业本身就是数据处理行业，金融数据直接反映了参与主体的金融行为，具有极高的信息量。现代金融业已成为典型的数据密集型和科技驱动型行业，这些内在的基本特征决定了其在发展数据要素市场的过程中，应该而且能够发挥重要作用。因此，金融行业一直高度重视加强数据领域的顶层设计。

2020年11月，金融行业率先发布了《多方安全计算金融应用技术规范》（JR/T 0196-2020），支持金融业利用密文算法进行数据共享。2021年底，人民银行发布了《金融科技发展规划（2022-2025）》，提出要"推动数据有序共享。积极应用多方安全计算等技术，探索建立跨主体数据安全共享隐私保护计算平台，在保障原始数据不出域前提下规范开展共享应用"。这为金融业开展数据融合应用指明了方向，全面激活了数字化经营新动能。2022年，市场监管总局、人民银行发布了《金融科技产品认证目录（第二批）》，加入了多方安全计算金融应用产品。银保监会一直以来也高度重视推动银行保险机构的数据治理和数字化转型，先后发布《银行业金融机构数据治理指引》《关于银行业保险业数字化转型的指导意见》等，在机制、方法等方面对银行业保险业数字化转型予以规范和指导，致力于推动银行保险业新时代高质量发展。证监会于2021年10月发布的《证券期货业科技发展"十四五"规划》，为新阶段证券期货业数字化转型发展提供了纲领性指南。

在上述顶层设计推动下，我国金融业通过隐私保护计算技术释放价值成为实践热点（见图37）。人民银行在2020年启动了金融科技创新监管试点项目，多个隐私保护计算实践项目落地，主要方向包括产品营销、授信风控、移动支付人脸识别、跨境结算、反洗钱等。与此同时，证监会也于2021年3月启动资本市场金融科技创新试点，并在多地开展试点工作。至2021年12月末，首批16个项目正式启动运行，涵盖多方安全计算、联邦学习等隐私保护计算的创新技术应用。在政府推动基础上，金融业进一步引领国家数据要素化探索，通过吸纳政务数据、互联网数据、电信数据、产业数据融合应用，充分发挥各方价值，形成相互融合的生态体系，进一步激发数据潜能。因此，可以说金融业已经成为国家数据要素化实践创新的前沿阵地。

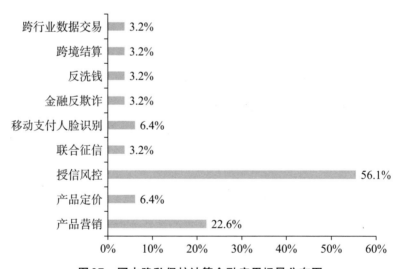

**图37 国内隐私保护计算金融应用场景分布图**

资料来源：《隐私计算推动金融业数据生态建设》白皮书

## 73.在培育医疗领域数据要素市场过程中，有哪些痛点和难点？

在我国，医疗领域数据的开放和使用，一直是一个很敏感的话题。一方面，医疗数据涉及公众的医疗健康记录，具有隐私性，不可未经本人允许私自使用。另一方面，医疗数据又具有极大的商业价值，不法分子受利益诱惑容易不当使用，明文共享方式极易存在个人信息泄露风险，甚至给患者带来人身安全隐患。因此，我国医疗数据领域一直都有着严格的管理和保密规定，虽然减少了数据滥用风险，但是也给培育医疗数据要素市场带来了困难。

我国对医疗数据的"权属界定"和"价值分配"尚无明确规定，患者的健康数据、诊疗记录、费用支付数据究竟属于谁，谁有资格使用和流通还未形成共识和规范。并且，单个患者的数据价值不大，只有将大量患者的数据整合分析后才更具有意义。在实践中，往往是通过某个医院、协会、地方卫健委等权威机构来代表患者群体，将医疗数据脱敏后提供给社会、研究机构使用，但仅基于脱敏的患者医疗数据安全是否能得到保障，以及释放的价值如何分配尚存在模糊地带。这些问题还需要政府制订更清晰的法律法规和技术标准，才能进一步推动医疗数据要素市场的建立和发展。同时，我国医疗数据标准化尚需完善。目前医疗机构产生的大量数据以不同形式存储于不同系统中，存储状态较为割裂，且大多数以不可计算的形式存在，标准化程度低，这也阻碍了医疗数据要素市场的发展。

针对这一系列问题，国家近年来已逐步开展顶层设计工作。国务院于2015年推出"三医联动"健康医疗改革举措，要求医疗服务提供商、社会医疗保险及医药之间实现无缝数据互连，以实现更同步的医疗改革。国家卫健委于2018年12月颁布《关于印发电子病历系统应用水平分级评价管理办法（试行）及评价标准（试行）的通知》以推进电子病历系统的信息化建设。在相关监管要求下，医院亟须采取必要技术、能力及资源，标准化、存储并开发电子病历数据，在数据集成平台基础上设立临床资料数据库，提升评估医疗服务质量及医学资料检索的能力，从而提高临床研究效率、降低人工成本，同时提高疾病诊断和治疗质量。随后，有关部门又相继印发了《国家健康医疗大数据标准、安全和服务管理办法（试行）》《医疗保障标准化工作指导意见》《医疗保障定点医疗机构等信息业务编码规则和方法》等，进一步推动了医疗数据标准化建设工作。

在顶层设计支持下，我国医疗数据融合应用取得了积极进展。2022年2月，卫健委公开表示正在研究建立全国统一的电子健康档案、电子病历、药品器械、公共卫生、医疗服务、医保等信息标准体系，并逐步实现互联互通、信息共享和业务协同。此外，国家医保局也在加快建设全国统一的医疗保障信息平台，到2021年7月已经有效覆盖4.9万家定点医疗机构、7.1万家定点零售药店，在药店结算超3000万笔，门诊结算超7000万笔，住院结算超700万笔，跨省异地就医结算超1100万笔，平台功能完备、响应高效、运行稳定，住院结算平均响应时间约0.8秒，比旧系统性能提升数倍，充分证明了平台具有明显的先进性、前瞻性。

相信在未来，医疗数据标准化工作取得更大进展后，医疗数据在更大规模范围内有序共享将成为我国医疗行业高质量发展的新动力，进一步提升医疗机构、医保机构的运营和管理效率，通过数据互联互通实现医疗、服务、管理的全链路打通，推动医疗行业更高质量发展。

## 74. 如何激发工业数据潜力，构建产业数字化生态体系?

工业大数据是工业领域产品和服务全生命周期数据的总称，包括工业企业在研发设计、生产制造、经营管理、运维服务等环节中生成和使用的数据，以及工业互联网平台中的数据等。与互联网等大数据相比，工业大数据具有多源性获取、蕴含信息复杂、关联性强、动态时空等特性。我国一直高度重视工业大数据产业发展。2020年5月，工信部印发了《工业大数据发展指导意见》，提出"促进工业数据汇聚共享、深化数据融合创新、提升数据治理能力、加强数据安全管理，着力打造资源富集、应用繁荣、产业进步、治理有序的工业大数据生态体系"。该文件部署了工业大数据全面采集、高效互通和高质量汇聚3项重点任务，并且提出要统筹建设国家工业大数据平台，实现以大数据为手段支撑政府精准施策、精准管理的平台。

目前来看，工业数据的共享流通还主要集中在企业内部，企业间的数据流通并未真正建立起来。根据工业互联网产业联盟发布的《工业数据现状调研报告》，78%的受访企业表示进行了工业数据的二次使用，但数据流通仍以企业内部为主导，73%的受访企业曾将数据提供给企业内部其他部门二次使用，但仅18%的受访企业表示还将数据提供给企业外部二次使用。企业间并未真正建立数据流通的原因，主要集中在企业担心会泄露商业秘密、暴露客户信息、破坏信息不对称竞争优势等。因此，工业大数据流通亟待通过更加精准的数据分类分级管理，以及多方安全计算等先进数据流通技术应用，消除企业对数据流通环节安全保障的顾虑，才能全面释放工业数据价值。

2021年，工信部组织开展了大数据产业发展试点项目申报工作，共征集工业大数据应用项目55个，其中包括：（1）企业生产过程优化方向29个，主要涉及企业数字化改造，涉及各类系统信息化，形成完整贯通的产业链，在设备监测、质量优化、故障预警、能耗排放等方面有诸多探索；（2）经营管理模式创新方向10个，主要涉及精准营销、产品订制等场景创新，以及在人力、财务、生产制造、采购等关键经营环节提高数据利用水平；（3）产业链供应链管控方向16个，主要涉及企业加强供应链核心环节的集成运作和数据共享，推动供应链向产业链上下游拓展，探索智慧物流、供应链风险识别、协同一体化管理等新模式。

展望未来，工业数据要素市场建设需要各方共同努力。在工信部牵头搭建的国家工业大数据平台基础上，大型企业发挥带头作用，积极布局"工业互联网＋多方安全计算"数据流通模式，实现覆盖各行业研发、设计、生产、物流、售后等全生命周期数据的互联互通体系，并且为中小制造企业生产经营活动提供必要的数据支持。

## 75.电信运营商作为政企数字化的重要支撑，在数据要素市场中将发挥怎样的作用？

随着5G时代的到来，政企用户数据储存和上云成为新需求，而电信运营商拥有大量政企客户和丰富的智能信息服务经验，其身份迅速地从通话、流量服务商转型成为产业数字化服务商。面对数字经济新机遇，各大运营商纷纷加快了产业数字化布局的步伐，云网融合成为新的博弈高地。中国移动坚持"网＋云＋DICT"融合发展，中国电信提出"云改数转"战略，中国联通推行"云网一体"。三大运营商齐头并进，为政企数字化提供重要支撑。中国电信高层曾表示"世界经济正从工业经济引领向数字经济驱动加速演进；生产力发展阶段正从动力时代向算力时代加速演进；数字经济的底座正从连接为主的网络基础设施向云网融合的数字信息基础设施加速演进"。由此可见，电信运营商作为云网融合的数字信息基础设施主力军，在我国数字经济发展过程中大有可为。

可以说，我国三大运营商都非常重视数据的运营，积极探索自身数据市场化运营的路径和模式。通过结合自身数据开发运营经验优势，运营商布局拓展金融、应急、文旅、营销等多个场景，依托自主能力开放平台体系，将运营商数据与政府、企业数据融合，提供多样化的数据开发利用服务，在推进数据开放共享、运营和安全保障方面做出了积极努力。截至目前，运营商服务的政企客户数已超过1300万家，在政务领域覆盖超过70%各级政府，金融领域覆盖4000余家银行和超过500家保险证券等金融机构，工业领域覆盖电子制造、汽车、能源、矿产、电力等数百家大型企业，还服务于数百万家中小企业以及数十万家社会民生机构。除此以外，运营商积极参与数字政府、智慧城市、数字乡村等重大项目建设，有助于带动更多的政企客户进入数据要素市场。如中国联通近年来每年新增数据应用场景模型上百个，新增入驻企业上百家，初步实现了数据在多场景下的价值变现，年收入超亿元。

## 76.围绕乡村振兴，数据要素化在哪些方面可以发挥价值？

乡村振兴是习近平总书记于2017年10月18日在党的十九大报告

中指出的发展战略。党的二十大报告指出，全面建设社会主义现代化国家，最艰巨最繁重的任务仍然在农村。全面推进乡村振兴。我国在"十四五"规划和2035年远景目标纲要中提出"加快发展智慧农业，推进农业生产经营和管理服务数字化改造；加快推进数字乡村建设，构建面向农业农村的综合信息服务体系"。2021年9月3日，中央网信办、农业农村部、国家发改委、工信部等多部门联合制定的《数字乡村建设指南1.0》，为全国推进数字乡村建设绘制出总体"施工图"，各部委统筹推进数字乡村的工作格局初步形成。2022年中央一号文件提出要大力推进数字乡村建设，包括推进智慧农业发展，促进信息技术与农机农艺融合应用；着眼解决实际问题，拓展农业农村大数据应用场景；加快推动数字乡村标准化建设，研究制定发展评价指标体系，持续开展数字乡村试点；加强农村信息基础设施建设等。一系列政策文件为数据赋能乡村振兴完善了顶层设计，我国数字乡村建设工作由此全面铺开。

在此背景下，中央和地方政府共同努力，通过数据要素化促进乡村产业兴旺，实现农民长效增收。2021年，农业农村部大数据中心成立，农业农村大数据体系建设进入实操阶段。2021年全年实现全系统装备北斗导航设备8300台套以上，导航作业面积6000万亩以上；全国72万个"畜牧业生产经营单位信息代码"登记备案赋码，实现了18万余个规模养猪场和4300多个生鲜乳收购站生产情况的全覆盖精准监测；智慧兽药管理平台收集采集各类信息35.5万余条，

4.7万余家经营企业完成追溯系统入网上报，3110家兽药监管单位注册使用国家兽药产品追溯系统；山东、广东、江苏、黑龙江等地集中打造了一批无人农场、植物工厂、无人牧场和无人渔场，累计改装升级水旱田无人驾驶及辅助驾驶机具6288台，示范水旱田无人驾驶及辅助作业608.45万亩，实现农场作业全过程的智能化、无人化。一系列举措有效降低了乡村原有产业的成本，扩大了市场规模，激发了地区经济活力，促进了产业发展和农民收入增长，为乡村振兴带来新的活力和动力。

## 77. 为什么说中小微企业转型发展更需要数据要素市场？

中小微企业是国民经济的"毛细血管"，在提高劳动生产效率、缩小贫富差距、扩大就业、促进市场竞争等方面发挥着重要作用。一直以来，我国高度重视中小微企业发展，为其提供更多的创新激励、税收优惠、融资支持。截至2021年底，全国中小微企业的数量超过4400万家，个体工商户数量超过1亿户，中小微企业为我国贡献超过50%的税收、60%的GDP、70%的技术创新、80%的城镇劳动就业。

但是，我们也需要看到，尤其是新型冠状病毒感染疫情以来，中小微企业承受着供应链中断、抗风险能力差、数字化能力不足等问题。中国中小企业协会会长曾表示，中国中小微企业普遍存在"量大面广体弱"的特征。总体来看，中国企业数字化转型比例约为25%，远低于欧洲的46%和美国的54%，我国低比例数字的背后是大量中小微企业面临数字化转型难题。可以说，中小微企业面临着"转型是找死、不转是等死"的转型困境。在一些实现数字化的中小微企业中，也多为依靠外力、购买通用数字工具，缺乏针对性、适用性。很多中小微企业并不能在数字化设计、仿真、测试、验证等个性化应用领域进行布局，制约了其在数字时代的成长壮大。不少企业将数字化转型定位在经营效率提升，而非效益工具。例如，很多中小微企业只是将微信公众号、小程序作为获客营销工具，无法深耕与用户互动的数据积累背后的交叉营销、精准营销和个性化产品研发。

中小微企业面临这样的困境，不仅仅是因为本身数字化能力不足，其实也因为缺乏一个完善的数据要素市场来支撑其数字化转型发展。这些中小微企业一方面无法从市场中获得生产经营过程中所需要的数据资源，另一方面也缺乏相应算法和算力支持。这使得企业在利用数据时存在供需不匹配的问题。2020年4月，国家发展改革委、中央网信办联合印发《关于推进"上云用数赋智"行动　培育新经济发展实施方案》的通知，提出搭建平台企业（转型服务供给方）与中小微企业（转型服务需求方）对接机制，引导中小微企业提出数字化转型应用需求，鼓励平台企业开发更适合中小微企业需求的数字化转型工具、产品、服务，形成数字化转型的市场能动性。同年5月，发改委联合有关单位发布了《数字化转型伙伴行动倡议》，推动社会各界协同合作，共同搭建"中央部委—地方政府—平台企业—行业龙头企业—行业协会—服务机构—中小微企业"的联合推进机制，以带动中小微企业数字化转型为重点，在更大范围、更深程度推行普惠性"上云用数赋智"服务，提升转型服务供给能力，帮助中小微企业转型，激发企业数字化转型内生动力，支撑经济高质量发展。2022年12月，中共中央、国务院《关于构建数据基础制度更好发挥数据要素作用的意见》提出，发挥国有企业带头作用，引导行业龙头企业、互联网平台企业发挥带动作用，促进与中小微企业双向公平授权，共同合理使用数据，赋能中小微企业数字化转型。

上述顶层设计制度出台后，我国中小微企业借助数据转型发展取得一定进展。自2020年新型冠状病毒感染疫情以来，因为数据的虚拟属性，打破了物理空间限制，不少中小微企业利用数据实现停工不停产，停业不停服。中小微企业由于受到疫情冲击出现供应链断裂、原材料获取受阻，依托各地政府和大型企业搭建的工业互联网平台，实现了供应链的重建，在线上可完成供需对接。部分员工无法返岗，各类在线办公、在线会议、在线数据服务系统帮助企业仍可正常经营。由于疫情带来的需求冲击，部分企业面临资金难题，各类金融机构通过汇聚各方数据，精准评估企业信用情况，提供相应金融支持，帮助中小微企业渡过难关。智能客服、智能外呼机器人、智能风控、智能营销、电子合约等数字化产品在中小微企业广泛落地应用。可以看到，数据深刻改变了中小微企业的生产经营方式，为我国经济发展的"毛细血管"注入了新动能。

## 78.在交通领域，如何通过数据实现物理空间和虚拟空间的智能融合？

数字交通是将实时采集的交通数据纳入建立的交通模型体系中，实现对交通体系的虚拟数字映射，通过大数据分析、人工智能和交通仿真技术生成交通优化方案。其本质是依托数据闭环赋能体系，通过数据全域标识、状态精准感知、数据实时分析、模型科学决策、智能精准执行等环节，实现交通的模拟、监控、诊断、预测和控制，解决交通规划、设计、建设、管理、服务闭环过程中的复杂性和不确定性问题，全面提高交通资源配置效率和安全运转状态，提高智慧交通的内生发展动力。

我国一直高度重视数字交通工作，不断完善数字交通的顶层设计。习近平总书记在第二届联合国全球可持续交通大会上指出"坚持创新驱动、增强发展动能。大力发展智慧交通和智慧物流，推动大数据、互联网、人工智能、区块链等新技术与交通行业深度融合"。2021年12月，交通运输部印发了《数字交通"十四五"发展规划》，提出了"十四五"期间数字交通发展的目标和任务，"到2025年，'交通设施数字感知，信息网络广泛覆盖，运输服务便捷智能，行业治理在线协同，技术应用创新活跃，网络安全保障有力的'数字交通体系深入推进，'一脑、五网、两体系'的发展格局基本建成，交通新基建取得重要进展，行业数字化、网络化、智能化水平显著提升，有力支撑交通运输行业高质量发展和交通强国建设"。

目前，数字交通在我国各地已有诸多探索实践。例如，在浙江平湖，"数字交通大脑"已正式上线运行，通过交通数据收集、处理，实现公路养护、交通执法等，可以实时监测道路情况，进行异常指标预警；上海多举措推进交通数字化转型，市民通过查询相关App或在车站观察电子显示屏，即可轻松知晓下一班车的到站时间。为解决停车难问题，"上海停车"App服务已接入全市数千个停车场信息数据，汇聚多项停车服务，通过"先离场、后付费"等功能，实现无感离场、快捷离场。数字交通在提高出行效率、提升城市服务管理水平以及降本增效、节能减排、培育产业、扩大就业等方面成效显著。因此，我国应积极推动交通数据要素化，推动交通运输从传统需求驱动向创新驱动转变，为加快建设交通强国提供有力支撑。

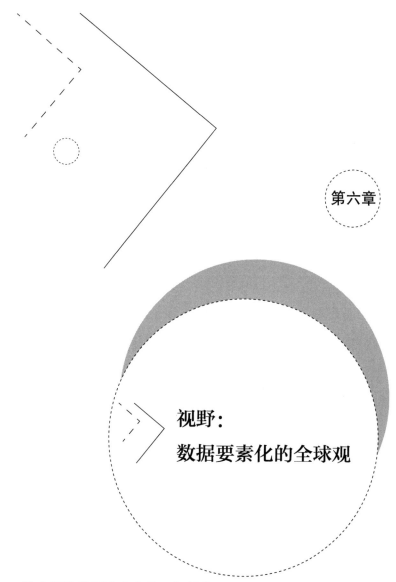

第六章

>> 视野：
数据要素化的全球观

数字经济发展速度之快、辐射范围之广、影响程度之深前所未有，正推动生产方式、生活方式和治理方式深刻变革，成为重组全球要素资源、重塑全球经济结构、改变全球竞争格局的关键力量。

——《"十四五"数字经济发展规划》

## 79.欧盟提倡的匿名化是什么？其技术评估从哪几个维度开展？

欧盟提出的匿名化概念由来已久，是指与已经识别（identified）或可能识别（identifiable）的自然人不相关的信息，或者以数据主体不可或不再可识别的方式提供的信息，且仍在随着经济发展和技术进步不断完善细化。1995年，欧盟《数据保护指令》（Data Protection Directive，DPD）对个人数据匿名化进行了原则性规定，2014年《第05/2014号意见：匿名化技术》细化了技术标准，2016年《通用数据保护条例》（GDPR）进一步加强了对个人数据匿名化的立法规定。

就个人数据匿名化而言，GDPR秉承了《数据保护指令》的立法模式，亦即强调个人数据匿名化的结果，并且将匿名化数据排除在个人数据之外。此外，GDPR还吸收了《第05/2014号意见：匿名化技术》的经验，在第4（5）条中明确了假名化的定位，把假名化从匿名化中剔除，这实际上缩小了匿名化的范围。从这个意义上看，GDPR为个人数据匿名化设定了一个更为严格的法律标准，可以称为"合理可能"（reasonably likely）标准，这个标准具体包括三个部分：一是主体标准，即"数据控制者或任何其他人"；二是识别手段标准，即"所有合理可能使用之方法"；三是识别方式标准，即"直接或间接地识别该自然人"。

目前，欧盟地区主要遵循《第05/2014号意见：匿名化技术》开展匿名化技术评估，并从3个维度考虑匿名化技术的稳健（Robustness）程度。首先是筛选（Single out），即将数据集中的所有或某些记录分离出来，从而识别出特定个人。其次是关联（Linkability），即从1个数据集中的至少2条记录或者不同数据集中的至少2条记录关联到特定个人（单独的数据集中无法筛选出特定个人则不具有筛选风险）。最后是推断（Inference），即从1组其他属性显著可能地推断出其他属性。当数据集有可能出现以上筛选、关联、推断的情况时，数据集就不是匿名化的数据集，而应归属于个人数据，同时需要受到GDPR的约束。

## 80.欧盟《通用数据保护条例》开创了哪些重要的数据保护理念?

欧盟议会于2016年4月14日通过《通用数据保护条例》（GDPR），并于2018年5月25日在欧盟成员国内正式生效实施。GDPR作为一套用来保护欧盟公民个人隐私和数据的新法规，其颁布意味着欧盟对个人信息的保护及监管达到了前所未有的高度，被各界称为史上最严格的数据保护法案。该条例的适用范围极为广泛，任何收集、传输、保留或处理涉及欧盟所有成员国内的个人信息的机构和组织均受该条例约束。因此，即使一个主体不属于欧盟成员国的公司（包括免费服务），只要满足下列两个条件之一：（1）为了向欧盟境内可识别的自然人提供商品和服务而收集、处理他们的信息；（2）为了监控欧盟境内可识别的自然人的活动而收集、处理他们的信息，就要受到GDPR的管辖。

GDPR全文共99条263页，是一部极为权威和细致的立法，也是全球第一部全面的个人隐私保护法，其为世界其他国家和司法管辖区设定了标准。GDPR开创性地明确了七项数据处理原则，这些原则在其他国家后续出台的立法中都可见到一些影子。这七项原则包括：（1）合法、公平、透明；（2）目的限制；（3）数据最小化；（4）准确性；（5）存储限制；（6）完整性与保密性；（7）可归责（见表9）。在这些原则基础上，GDPR还提出了一系列更具可操作性的要求与规范。

### 表9　GDPR提出的七项数据处理原则

| 七大原则 | 通俗解释 | 法律要求 | 相关合规要点 |
|---|---|---|---|
| 1.合法、公平、透明 | 合法、正当、透明 | 数据主体的个人数据应当以合法、公平、透明的方式被处理 | 合法性：如记录数据主体的同意，数据主体有权撤回同意；<br>公平性：提供知情权（隐私通知）；<br>透明性：提供信息的方式、直白、简单 |
| 2.目的限制 | 处理数据的目的是有限的 | 个人数据应当基于具体、明确、合法的目的收集，不应以与此目的不相容的方式进一步处理 | 目的不能超出同意的范围；<br>新目的合法性 |
| 3.数据最小化 | 仅处理为达到目的的最少数据 | 根据数据处理的目的，采取合理的措施确保及时删除或修正不准确的个人数据 | 满足业务需要<br>充分、不超乎适度 |
| 4.准确性 | 确保数据准确、及时更新 | 个人数据应当是准确的，并在必要的情况下及时更新 | 数据的准确性<br>提供给数据主体相关的方法进行修订 |
| 5.存储限制 | 存储数据的期限不得长于为达到目的所需要的时间 | 存储个人数据不得超过处理目的所必要的期限 | 留存、销毁方式，不能长期保存 |

续表

| | | | |
|---|---|---|---|
| 6.完整性与保密性 | 采取技术和管理措施以保护数据的安全 | 采取必要的技术或组织措施确保个人数据的适度安全，包括防止未授权或非法处理个人数据，数据丢失或毁损 | 风险评估、技术与组织措施、加密、匿名、化名、访问控制、监测数据泄露 |
| 7.可归责 | 数据控制者有责任并应能够证明做到了以上几点 | 数据控制者须负责能遵从上述原则 | 记录政策与流程、数据处理活动 |

资料来源：根据公开资料整理

　　GDPR还开创性地全面实施数据保护官（Data Protection Officer，DPO）制度，作为一种连接数据保护者和控制者、数据主体以及数据监管机构的创新制度，其强化各类机构和法人必须设立数据保护官的法定情形，并规定了数据保护官的权利、地位和任务。GDPR还在数据层面体现了"基于设计的隐私保护（Privacy by design，PbD）"理念，其第25条要求"数据控制者应当在决定数据处理方式以及进行处理时以有效的方式采取适当的组织和技术措施，例如采取匿名化措施实施数据最小化原则，并实施必要的保障措施以符合本条例要求，保护数据主体权利"。这条规定意味着数据控制者应当通过装置、系统、技术或服务的物理设计、技术设定、代码架构等，将个人数据保护嵌入系统之中，成为系统运行的默认规则。在PbD原则下，隐私保护计算加智能合约是一个有效的数据保护解决方案，它可通过将数据安全和隐私保护贯穿于产品和服务整个生命周期，从而将"硬法"刻进系统软件之中，用技术手段规避隐私安全风险。

## 81.欧盟《通用数据保护条件》出台后有哪些重大执法案例?

《通用数据保护条件》（GDPR）执法案例作为体现监管态势的重要参照，为跨国企业的数据保护合规工作提供了风向标。行政罚款作为惩罚措施之一，是监管机构严惩违法行为、强化数据保护法律要求的重要工具之一。GDPR中关于行政罚款的条款采用抽象原则性规定的立法模式，对罚款金额设置上限，通过对罚款相关因素分析判断得出最终处罚金额，主要规范4类数据控制者、数据处理者主体业务开展，第一类是设立在欧盟境内的企业；第二类是未在欧盟境内设立：但向欧盟境内的数据主体（自然人）提供产品和服务的企业；第三类是未在欧盟境内设立，但涉及监控欧盟境内数据主体（自然人）行为的企业；第四类是未在欧盟境内设立，但在欧洲成员国法律适用的地方设立的企业。

就GDPR实施后的实际罚款情况来看，欧盟GDPR执行情况较为严格，其开出的罚单金额呈现逐年上升趋势，且集中在互联网、电信、金融等个人数据密集型行业（见表10），而多数企业被罚的主要原因是违反数据处理的基本原则。迄今为止单次收到罚款金额最大的是亚马逊。在该案例中，亚马逊作为美国最大的一家网络电子商务公司，由于其欧洲总部设在卢森堡，因此在欧洲业务开展主要受到卢森堡数据保护委员会监管。2021年7月，卢森堡数据保护委员会对亚马逊罚款7.46亿欧元，原因是其对个人数据的处理不符合GDPR要求，并要求亚马逊进一步整改。事实上，目前亚马逊被处以天价罚金的具体原因还未进一步披露。不过，天价罚款充分显示了欧盟对于数据安全的重视程度。

**表10 GDPR罚款事件汇总**

| 序号 | 被罚者 | 罚款国家 | 罚款 | 罚款原因 | 时间 |
|---|---|---|---|---|---|
| 1 | 谷歌 | 法国 | 5000万欧元 | 违反数据处理的基本原则 | 2019年1月 |
| 2 | 英国航空 | 英国 | 1.83亿英镑 | 数据泄露 | 2019年7月 |
| 3 | 万象 | 英国 | 1.104亿欧元 | 数据泄露 | 2019年7月 |
| 4 | Deutsche Wohnen SE | 德国 | 1450万欧元 | 违反数据处理的基本原则 | 2019年10月 |
| 5 | Telecom GmbH | 德国 | 955万欧元 | 数据泄露 | 2019年12月 |
| 6 | 意大利电信集团 | 意大利 | 2780万欧元 | 违反数据处理的基本原则 | 2020年1月 |
| 7 | Eni Gas and Luce | 意大利 | 1150万欧元 | 违反数据处理的基本原则 | 2020年1月 |

续表

| 序号 | 被罚者 | 罚款国家 | 罚款 | 罚款原因 | 时间 |
|---|---|---|---|---|---|
| 8 | 谷歌 | 瑞典 | 800万美元 | 违反数据处理的基本原则 | 2020年3月 |
| 9 | 沃达丰 | 意大利 | 1225万欧元 | 违反数据处理的基本原则 | 2020年11月 |
| 10 | 亚马逊 | 卢森堡 | 7.46亿欧元 | 违反数据处理的基本原则 | 2021年7月 |
| 11 | WhatsApp | 爱尔兰 | 2.25亿欧元 | 违反数据处理的基本原则 | 2021年9月 |
| 12 | Meta | 爱尔兰 | 1700万欧元 | 数据泄露 | 2022年3月 |
| 13 | Danske Bank | 丹麦 | 1000万丹麦克朗 | 违反数据存储的规定 | 2022年4月 |
| 14 | Criteo | 法国 | 6500万美元 | 违反数据处理的基本原则 | 2022年8月5日 |

资料来源：根据公开资料整理

以上罚款事件表明，随着数据处理规模与价值均保持提升趋势，相关企业应建立符合GDPR规定的数据保护制度，尤其是要遵循其关于数据处理的基本原则，不仅可以更好地保护用户隐私，还可以避免高额罚款。首先，必须遵守"知情同意"原则开展数据收集，且通知的方式需公开透明且适当有效，以保证用户能够充分了解被收集的数据种类、用途等情况。其次，企业需严格按照GDPR要求对所收集的数据进行处理，若需对数据进行通知情况以外用途的处理，则仍需对用户进行通知，且不能违规存储数据。最后，还应告知用户所享有的投诉等权利，为用户向监管机构投诉等提供便利。

对我国出海企业而言，更应当认识到数据保护的重要性，充分理解GDPR赋予数据主体的权利，确保数据主体权利不受侵犯，保证各项业务开展符合GDPR的要求。不规范的数据收集、数据处理等操作给企业带来了风险，一方面，其风险来源于违反GDPR强制性规定的主动行为；另一方面，其风险也来源于未履行合规义务的非主动行为。因此，企业不但需要制定完善的数据保护制度，还需要采取有效且多样化的技术手段，如基于密码学的多方安全计算等符合数据处理"最小够用原则"的技术手段，将制度保障与技术手段充分结合，保障用户数据安全。

## 82. 美国提倡去标识化和假名化，有什么特殊背景？

20世纪末，随着信息化浪潮的到来，美国的医疗保险业、医疗院所制定了各自的信息标准，但不同地区、不同单位之间数据流转困难，亟须制定统一的国家标准以消除电子健康信息交换的障碍。在这个背景下，《健康保险流通与责任法案》（Health In-surance Portability and Accountability Act，HIPAA）应运而生，该法案由美国国会于1996年颁布，提出了任何形式的个人健康保健信息的应用、存储、维护和传输都必须遵循相应的规定。由于健康医疗信息的敏感性，HIPAA法案提出去标识化（De-iden-tification）概念，用于机构间共享去标识化后的个人健康信息。HIPAA规定，去标识化处理后无法识别到个人的健康数据，可以提供给第三方。这是美国最早有关个人信息去标识化的法律规定。HIPAA指出去标识化处理后的健康信息，使用和公开不再受限，其认定标准采取"专家标准"与"安全港标准"，其实是一种相对宽松的合规要求。2015年美国国家标准与技术协会（NIST）进一步发表了《个人信息去标识化》，总结了自HIPAA提出以来美国在个人信息去标识化领域的研究和实践状况。2018年，《加州消费者隐私法案》（CCPA）提出假名化概念，指不使用额外信息无法识别到个人，且额外信息被分开存储并受技术与管理措施保护的情形，其安全要求比去标识化更低。

在特定的历史时期，对于调解医疗数据共享和隐私保护之间存在的矛盾，HIPAA发挥着积极作用。首先，HIPAA明确了适用主体，主要包含健康计划（Health Plans）、健康保健服务提供者（Health Care Providers）、健康保健信息处理机构（Health Care Clearing-houses）和商业关联方（Business Associates）。其次，HIPPA并没有限制使用和公开去标识化的健康信息，同时规定了两种途径将信息去标识化。一是被有资质的统计机构正式决定将相关信息去标识化；二是移除特定个人及其亲属、雇主或其家庭成员的识别信息，并且只有当没有实际的信息能够识别到个人时，这种移除才能够被视为足够充分。最后，HIPPA规定数据处理主体在使用和披露方面应遵循"最小必要原则"。基于此，HIPAA在一定程度上保护了患者隐私，避免了患者隐私信息的泄露和滥用，同时也有效推动了临床研究、保险等领域的信息共享和发展。

然而，随着全球数字化、信息化、移动化逐渐成为趋势，HIPAA法案已无法满足当前的数据安全与数据流通需求。HIPAA规定健康信息在去标识化处理后，使用和公开将不再受限，因此患者健康信息在存储、共享等过程中始终处于明文状态，仍存在极大的安全隐患。学术上有一个经典的案例，发生在1997年的美国，麻省理工的一名研究生通过将去标识化的GIC（Group Insurance Commission）数据库（美国麻省医疗保险委员会的数据库，包含每位患者的出生日期、性别和邮政编码等信息）与选民登记记录相连，找出了时任麻省州长William Weld的病历数据，即通过关联分析多个不敏感的信息得到了个体极其敏感的信息。实践中，美国近年来仍会发生多起患者信息共享不规范、患者信息存储设备丢失案件，从而造成大量患者信息泄露，同时还给医疗机构造成相应罚款损失。因此，在各种黑客和网络攻击异常活跃的今天，可以想象仅局限于HIPPA标准保护医疗数据将带来极大的风险隐患。

## 83. 为什么说《加州消费者隐私法案》（CCPA）是美国最具代表性的个人信息保护法案？

2018年3月，剑桥分析公司滥用消费者信息事件一经曝光，美国社会一片哗然，要求立法加强消费者隐私保护的呼声日益高涨。截至当时，美国并没有欧盟GDPR一类的通用数据保护法律，只在一些特殊行业或领域立法里，有隐私保护内容散落其中。为顺应时代和公众要求，美国加利福尼亚州政府于2018年6月28日率先通过了《加州消费者隐私法案》，并在随后两年内又多次进行修订，该法案于2020年7月1日已正式执行。

CCPA是美国首部关于数据隐私的全面立法，也被认为是继欧盟GDPR后又一部个人信息保护领域的重要法律，其出台填补了美国在数据隐私专门立法的空白。CCPA虽然是州级立法，但其立法意义远不止于美国加州。因为加州是美国经济最发达的州，2018年其GDP达到3万亿美元，超越英国成为世界上"第五大经济体"（见图38）。同时，加州拥有被誉为全球创新之源的硅谷，孕育了一大批对全球信息产业产生深远影响的科技公司。CCPA保护对象为任何"加利福尼亚州的居民自然人"，这也就意味着，只要面向加州居民提供服务的企业达到CCPA适用门槛，在收集、处理、买卖用户个人信息时就必须遵守其隐私条款。目前，绝大多数国际科技巨头如微软、亚马逊、苹果都已在它们的隐私政策中特别告知用户，当用户为加利福尼亚州居民时，会严格按照CCPA的相关规定收集、处理、出售个人信息。因此，CCPA作为一部地方立法，能被众多国际巨头写入其隐私政策，其影响之深远并不亚于欧盟的GDPR。

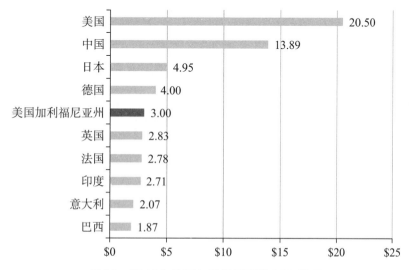

**图38　2018年美国加利福尼亚州GDP情况**

备注：图中数据为美元现价GDP。

资料来源：加州数据来自美国经济分析局，其他国家数据来自世界银行

　　但在CCPA生效后不到一年，2020年11月，加州选民又进一步通过了《加州隐私权利法案》（CPRA）议案，该提案旨在加强和扩大CCPA，对相关企业规定了重要的新消费者权利和负责任的数据处理义务，并将于2023年1月1日起生效。CPRA将规则制定和执行权力委托给了加州一个全新的、专注隐私保护的机构——加州隐私保护局，目前其范围和应用等问题备受关注。

## 84.欧盟与美国达成的《跨大西洋数据隐私框架》对我国有何影响？

跨境数据流动已经不是单独某个国家、某一区域的问题，而是全球各国都关注的焦点问题。为推动数据在欧盟和美国之间自由、安全地流动，2022年3月25日，欧盟与美国宣布推出新的数据安全流动协议《跨大西洋数据隐私框架》( Trans-Atlantic Data Privacy Framework，TDPF )。美国拜登总统在宣布这项框架协议时指出，该框架强调了欧美双方对隐私、数据保护和法治的共同承诺，它将"再次批准数据的跨大西洋流动，有助于为双边价值7.1万亿美元的经贸关系提供便利"。

事实上，在数据跨境传输方面，欧盟和美国已博弈长达数年，且已对双边经贸关系产生多次冲击。最新的案例是2022年3月15日，爱尔兰数据保护委员会（DPC）对美国Meta公司处以1700万欧元罚款（合计约1.2亿元人民币），因为后者违反了欧盟的隐私规则。在此之前，欧盟与美国之间曾经签署过两份数据传输协议，分别是2000年的《安全港协议》( Safe Harbour )和2016年的《隐私盾协议》( Privacy Shield )，但欧盟法院先后判决这两份协议无效，导致欧洲与美国间的数据传输合法性一直处于悬而未决的状态。欧盟法院在裁决《隐私盾协议》不符合欧洲GDPR的要求时，指出因为美国的法律允许其政府以国家安全为由向公司索取客户数据，而这是GDPR明令禁止的行为。上述裁决的背后，其实反映出欧美之间对数据及隐私保护存在基础性差别。欧盟倾向于将数据、隐私保护作为"基本人权"，而美国则把个人数据作为准个人财产对其进行"财产性保护"。

《跨大西洋数据隐私框架》作为新的欧美间数据跨境框架，其影响不仅限于美国与欧盟双方，对其他国家的跨境数据流动及经济发展也意义重大。由于目前该协议只是一个政治公告（欧盟委员会的行政决定），必须先由欧洲数据保护委员会（EDPB）审查，因此会产生一定的法律不确定性。只有当具备法律文本时，才能了解欧美数据跨境新方案的具体过程。如果框架协议能有效改变当前欧盟与美国企业仅能通过合同方式开展跨境数据流动的现状，为跨大西洋的数据流动提供一个新的安全框架，将有助于双边数字经济持续稳定增长。不仅如此，这还将在一定程度上影响我国数字经济发展和国际竞争力，我国应保持密切关注，同时继续加强推动跨境数据流动规则中的中国方案。

## 85.我国提出的匿名化、去标识化与世界主要国家和地区有什么区别？

在个人信息保护领域，我国主要使用匿名化、去标识化概念。2016年，《网络安全法》作为我国法律领域匿名化概念的起点，规定不得向他人提供个人信息，但经处理无法识别特定个人且不能复原的除外。这种经处理无法识别特定个人且不能复原的信息即被称为匿名化信息。2017年，《信息安全技术个人信息安全规范》（GB/T 35273-2017）首次对匿名化、去标识化概念进行定义。2022年12月，中共中央、国务院《关于构建数据基础制度更好发挥数据要素作用的意见》提出，推动个人信息匿名化处理，保障使用个人信息数据时的信息安全和个人隐私。匿名化指的是通过对个人信息的技术处理，使得个人信息主体无法被识别或者关联，且处理后的信息不能被复原的过程，个人信息经匿名化处理后所得的信息不属于个人信息。去标识化指的是通过个人信息的技术处理，使其在不借助额外信息的情况下，无法识别或者关联个人信息主体的过程。2019年，《信息安全技术个人信息去标识化指南》提出了常用去标识化技术，并将统计、密码、抑制、假名化、随机化等技术纳入去标识化技术范畴，其目的在于降低信息对个人的识别程度，使得单个信息不能识别到特定个人。2021年，我国《个人信息保护法》延续了关于匿名化、去标识化的一贯含义，并指出匿名化信息不受该法约束，但去标识化信息仍需遵循该法律。

从全球来看，加强个人信息保护是各国趋势，并且各国也广泛关注到技术变化带来的影响，一些主要国家和地区均推出了基于技术实现个人信息保护的具体规定。以欧盟和美国为例，欧盟主要使用假名化和匿名化概念，GDPR提出假名化是指通过对个人信息的技术处理，使其在不结合额外信息的情况下，无法识别特定数据主体，且额外信息被分开存储并受技术、管理措施的保护；匿名化数据是指与已经识别或可能识别的自然人不相关的数据，或者以数据主体不可或不再可识别的方式提供的数据。美国主要采用假名化、去标识化概念，CCPA提出假名化是指不结合额外信息无法识别特定的个人，且额外信息被分开存储并受技术、管理措施的保护；去标识化是指数据无法合理地、直接或间接地识别、关联到特定的个人，而且要求数据处理者主观承诺确保其不会进行重标识。因此，去标识化、假名化、匿名化都是个人信息处理和保护的重要技术手段，三种技术都要求处理后单独信息无法识别到个人。

在具体的概念和内涵方面，我国匿名化、去标识化与欧美有一定差异。主要表现在以下几方面：一是总体来看，美国的相关概念对个人信息保护要求较为宽松，我国和欧盟相对严格，但我国相关定义又是其中最为严格的国家。二是我国并未单独提出假名化概念，而是将假名化归类于去标识化概念中，且我国对去标识化的规定与欧盟和美国对假名化的规定基本一致，均提出"不结合额外信息"的不可识别。但我国并未严格规定去标识化数据完全无法识别，而在结合额外信息时，还可能识别特定自然人，相较于美国去标识化提出的"无法合理地、直接或间接地识别、关联到特定的个人"，要宽松一些。三是在匿名化方面，我国的要求比欧盟更加严格。欧盟对匿名化的要求更加宽松，是基于"合理可能"（Reasonably likely）标准的不可识别，我国匿名化则基于"绝对"标准的不可识别。

## 86.全球主要经济体相继推出了哪些数字经济战略布局？

近年来，数字经济凭借强大的发展韧性和创新能力，成为诸多国家推动经济增长的重要引擎。数据显示，2020年全球经济受新型冠状病毒感染疫情影响陷入深度衰退，47个主要国家GDP平均同比名义增速-2.8%，而同期全球数字经济同比名义增长3.0%，显著高于同期GDP增速5.8个百分点。

为推动数字经济发展，欧盟、英国、美国等世界主要经济地区积极布局数据战略。其中，欧盟一直以来致力于创造个人隐私保护与数据流通应用并行的机制，并致力于通过相关研究和探索成为引领世界的数据流通制度建设者。2015年，欧盟发布了《数字化单一市场战略》，提出将通过出台政策改革、版权法、消费者保护、云服务等一系列措施，推动欧盟跨境贸易。2020年，欧盟进一步发布了《欧洲数据战略》，概述了欧盟未来五年实现数据经济所需的政策措施和投资策略。同年，欧盟委员会发布了《塑造欧洲的数字未来》，提出欧盟数字化变革的理念、战略和行动，希望建立以数字技术为动力的欧洲社会，使欧洲成为数字化转型的全球领导者。同一时期，欧盟又发布了《人工智能白皮书》，作为实现数字战略的重要行动指南，促进欧洲在人工智能领域的创新能力。

与欧盟类似，英国的数据战略围绕数据流通共享的制度和基础设施建设，旨在推动国际范围的数据流动，从而释放数据价值。英国于2017年发布了《英国数字战略》，提出要建设世界一流的数字基础设施，并建立促进增长和可信的数据规范共享体制，转变政府对数据的使用以提供公共服务能力，并确保数据所依赖的基础架构的安全性和韧性，实现安全和高效并重的数据流通。

美国虽尚未建立统一的国家数字战略，但已针对具体问题实施了相关战略和政策，具体围绕与数字经济相关的技术和政策制度两方面进行战略布局。技术方面，美国政府长期致力于推动人工智能技术发展，旨在将美国打造为引领全球人工智能发展的经济体，具体措施包括投资人工智能领域的基础研究和应用研究，以及支持试点项目等。如2019年，时任美国总统特朗普签署了《维持美国人工智能领导力行政命令》，旨在加强美国的国家和经济安全，确保美国在人工智能等相关领域保持研发优势。除政府推动外，美国行业组织亦积极推动人工智能技术研究发展。例如，美国国家科学基金会长期以来扶持了诸多人工智能相关研究项目，2018年共计投资4.5亿美元。政策制度方面，美国联邦政府在2019年颁布了《联邦数据战略与2020年行动计划》，提出了40项具体数据管理实践。

可以看出，相较于欧洲地区和美国，我国的数字经济及数据战略布局规格更高、体系更为完备，涵盖各行业各领域及各项相关技术。但也要注意到，我国部分政策及指引仍需进一步细化，提升可落地可操作性，为行业组织、监管当局、从业机构等提供更清晰、易执行的指引。

## 87.国际数据管理协会数据管理知识体系与我国《数据管理能力成熟度评估模型》（GB/T 36073-2018）有何异同？

国际数据管理协会（Data Management Association，DAMA）成立于1980年，作为一个全球性数据管理的非营利协会，一直致力于数据管理研究和实践。其至今在世界范围内拥有40多个分会，7500余数据管理专业人士会员。DAMA数据管理知识体系（DAMA-DMBOK）作为DAMA基于过去30多年数据管理领域知识和实践的系统性总结，成为国际上数据治理领域极具影响力的标准工具书。

DAMA-DMBOK数据治理的核心逻辑可以概括如下：首先，明确数据治理对象，在商业驱动因素下，涵盖从数据治理的输入端（input），到主要的活动（activities），再到主要的交付成果；其次，明确数据治理过程对供应方、参与方与消费者的影响；最后，选取合适的技术驱动整个过程，包括技术、工具与衡量指标，这个就是DAMA-DMBOK数据治理的关键模型。根据不同业务对数据的不同需求，DAMA-DMBOK标识出了11个主要的数据管理知识领域，包括数据治理、数据架构、数据建模与设计、数据存储与操作、数据安全、数据集成和互操作、文档和内容管理、参考数据和主数据、数据仓库和商务智能、元数据、数据质量等（见表11）。

#### 表11　DAMA-DMBOK数据治理的11个主要数据管理知识领域

| 序号 | 职能 | 主要内容 |
| --- | --- | --- |
| 1 | 数据治理（Data Governance） | 通过建立一个能够满足企业数据需求的决策体系，为数据管理提供指导和监督。 |
| 2 | 数据架构（Data Architecture） | 定义了与组织战略协调的管理数据资产蓝图，以建立战略性数据需求及满足需求的总体设计。 |
| 3 | 数据建模与设计（Data Modeling and Design） | 以数据模型的精确形式，进行发现、分析、展示和沟通数据需求的过程。 |
| 4 | 数据存储与操作（Data Storage and Operations） | 以数据价值最大化为目标，在整个数据生命周期中，从计划到销毁的各种操作活动。 |
| 5 | 数据安全（Data Security） | 确保数据隐私和机密性得到维护，数据不被破坏，数据被适当访问。 |
| 6 | 数据集成和互操作（Data Integration and Interoperability） | 包括与数据存储、应用程序和组织之间的数据移动和整合相关的过程。 |
| 7 | 文档和内容管理（Document and Content Management） | 用于管理非结构化媒体数据和信息的生命周期过程，包括计划、实施和控制活动，尤其是指支持法律法规遵从性要求所需的文档。 |
| 8 | 参考数据和主数据（Reference and Master Data） | 包括核心共享数据的持续协调和维护，使关键业务实体的真实信息，以准确、及时和相关联的方式在各系统间得到一致使用。 |

| 序号 | 职能 | 主要内容 |
|---|---|---|
| 9 | 数据仓库和商务智能（Data Warehousing and Business Intelligence） | 包括计划、实施和控制流程来管理决策支持数据，并使知识工作者通过分析报告从数据中获得价值。 |
| 10 | 元数据（Metadata） | 包括规划、实施和控制活动，以便能够访问高质量的集成元数据，包括定义、模型、数据流和其他至关重要的信息（对理解数据及其创建、维护和访问系统有帮助）。 |
| 11 | 数据质量（Data Quality） | 包括规划和实施质量管理技术，以测量、评估和提高数据在组织内的适用性。 |

资料来源：《DAMA数据管理知识体系指南（原书第2版）》

《数据管理能力成熟度评估模型》（GB/T 36073-2018）（Data management Capability Maturity Model，DCMM）是我国在数据管理领域首个正式发布的国家标准。2020年，工信部发布《工业和信息化部关于工业大数据发展的指导意见》，提出开展数据管理能力评估贯标，推广DCMM国家标准，构建工业大数据管理能力评估体系，引导企业提升数据管理能力。和DAMA-DMBOK不同，我国DCMM定义了数据战略、数据治理、数据架构、数据应用、数据安全、数据质量、数据标准和数据生存周期8个核心能力域及28个能力项（见表12）。并且，DCMM对每项能力域进行了成熟度等级的划分，共含初始级、受管理级、稳健级、量化管理级、优化级等5个等级。

## 表12　DCMM数据管理能力成熟度评估模型框架

| 一级域 | 能力项 | 主要内容 |
|---|---|---|
| 数据战略 | 数据战略规划 | 组织开展数据管理工作的愿景、目标和原则；以及目标与过程监控；结果评估与战略优化。 |
| | 数据战略实施 | |
| | 数据战略评估 | |
| 数据治理 | 数据治理组织 | 明确相关角色、工作责任和工作流程，并得到有效沟通，确保数据资产长期可持续管理。 |
| | 数据制度建设 | |
| | 数据治理沟通 | |
| 数据架构 | 数据模型 | 定义数据需求、指导对数据资产的整合和控制、使数据投资与业务战略相匹配的一套整体构建和规范。 |
| | 数据分布 | |
| | 数据集成与共享 | |
| | 元数据管理 | |
| 数据应用 | 数据分析 | 对内支持业务运营、流程优化、营销推广、风险管理、渠道整合等，对外支持数据开放共享、服务等。 |
| | 数据开放共享 | |
| | 数据服务 | |
| 数据安全 | 数据安全策略 | 计划、制定、执行相关安全策略和规程，确保数据和信息资产在使用过程中有恰当的认证、授权、访问和审计等措施。 |
| | 数据安全管理 | |
| | 数据安全审计 | |
| 数据质量 | 数据质量需求 | 从使用者的角度出发，数据满足用户使用要求。 |
| | 数据质量检查 | |
| | 数据质量分析 | |
| | 数据质量提升 | |

续表

| 一级域 | 能力项 | 主要内容 |
|---|---|---|
| 数据标准 | 业务术语 | 组织数据中的基准数据，为组织各个信息系统中的数据提供规范化、标准化的依据，是组织数据集成、共享的基础。 |
| | 参考数据和主数据 | |
| | 数据元 | |
| | 指标数据 | |
| 数据生存周期 | 数据需求 | 为实现数据战略确定的数据工作的愿景和目标，实现数据资产价值，需要在数据全生命周期中实施管理，确保数据能够满足数据应用和数据管理需求。 |
| | 数据设计和开发 | |
| | 数据运维 | |
| | 数据退役 | |

资料来源：根据公开资料整理

综合来看，DAMA-DMBOK作为对全球数据治理工作较有影响力的一套理论框架，在我国编制DCMM的过程中，也发挥了其力量，我国充分借鉴参考了DAMA-DMBOK的优点，并对其中不符合中国的内容进行了修改。因此，DCMM与DAMA-DMBOK既有相同之处，也存在一些差异。这些差异主要表现在：一是DCMM将数据战略从数据治理里面剥离出来，单独成为一个能力域，体现了我国更强调加强顶层设计的理念。二是DCMM新增了数据应用能力域，其包含了DAMA-DMBOK的商务智能管理，但内涵更广，还包括开发共享服务等。三是新增了数据标准能力域，并将DAMA-DMBOK中的参考数据和主数据管理纳入其中，也就是DAMA-DMBOK的主数据和参考数据作为可操作性要求被降级了。四是新增了数据生命周期管理能力域，实际就是将DAMA-DMBOK中的数据开发、数据操作管理、数据仓库管理都囊括进来，并且更加全面。五是DCMM数据架构新增了元数据管理能力项，相对于DAMA-DMBOK，元数据管理作为更细颗粒度的管理也被降级。

对于我国各界数据管理需求与选择而言，DAMA-DMBOK体系和DCMM体系都具有较高的应用价值，但一般来讲，DCMM是我国信标委研制的标准，更加符合我国数据管理的实际需求。尤其对参与数据要素市场中的数据持有方和解决方案提供方而言有很大参考价值。目前，DCMM标准已逐渐成为我国现阶段应用最广泛、成效最显著的大数据标准之一。从2020年4月起，中国电子信息行业联合会已共组织实施11批DCMM数据管理成熟度能力认证，合计205家企业获得了认证证书。其中国家电网、中国工商银行是目前为止获评DCMM 5级（优化级）的单位。大多数企业评估结果位于2级（受管理级）或3级（稳健级），占比分别为52.7%和36.6%。这反映受评企业整体较为重视数据管理能力建设，但仍有较大提升发展空间。

## 88.国外有哪些创新的数据流通交易模式?

在全球范围内，数据流通及共享方式逐渐由最初的通过网站获取公开低敏感数据集，转变为基于各类授权机制及先进技术的流通模式。同样，按照技术及机制分类，当前国外创新数据流通模式主要包括基于API、基于可信第三方机制以及基于新兴技术三种模式，具体情况如下。

在基于API技术的数据交易模式中，最具代表性的是英国开放银行（Open Banking）和日本的个人数据商店（Personal Data Store）。2015年8月，应英国财政部要求，开放银行工作组（OBWG）成立，旨在研究如何共享使用数据服务客户，构建开放银行。2016年，英国竞争和市场委员会（Competition and Markets Authority）作为英国开放银行的主推机构，推动了开放银行计划，以激励银行提供更具竞争力、更具创新性和技术属性更强的产品及服务。总的来讲，英国的开放银行战略以金融机构和市场为突破口，通过API方式将金融数据授权给第三方使用，促进金融业务创新，并以提供降本增效服务等手段换取其他中小企业的数据。当前，已有超过100家企业参与了英国开放银行计划。

与英国类似，日本的个人"数据银行"交易模式基于其强大的个人征信体系而建立。数据银行与个人达成合约后，由个人数据商店进行个人数据的管理、交易、流通等基本业务及个人信用评分业务。数据银行需获得个人明确授权后将数据作为资产提供给数据交易市场进行开发利用，并依据政府制定的《个人信息保护法》界定数据流通中的权属和范围。2021年5月，日本颁布了

《个人信息保护法》的最新修订案，通过整合其他法案，对齐了民间组织和政府公共部门的规则差异，为个人信息流通提供了共同规则和统一监管。

基于可信第三方数据交易平台或中介机制的数据流通在欧盟及美国较为盛行。具体地，美国数据流通体系的构建可追溯至2009年成立的联邦政府政务数据开放平台。该平台提供可免费下载的联邦政府数据以及API接口，支持开发丰富的第三方应用。该平台促进了大量市场化机构对数据流通的探索和实践。但是，当前美国各大企业已经演变为采用多种不同的数据交易方式，包括C2B、B2B以及混合模式等，建立了包括personal.com、微软Azure、Acxiom等交易平台和数据经纪人（Data Broker）机制，主要以API接口方式提供数据获取及应用开发服务。与美国不同，欧盟主要推动基于数据中介机构的数据流通交易机制。2020年发布的《欧洲数据战略》提出了由新型数据中介机构作为可信的数据共享第三方，来提升成员国之间信任度，以及在工业、环保、交通、医疗等九大专有领域构建数据空间，以统一的参考框架（IDS-RAM）和数据生态机制拓展数据流通范围。

当前，基于新兴技术的数据流通模式尚处于蓬勃发展阶段，在诸多试运行项目及研究工作中实现了数据的融合计算价值交易流通。此类模式在爱沙尼亚、丹麦及新加坡等国家较为突出。爱沙尼亚的科技公司Cybernetica基于秘密分享协议建立了名为Sharemind的多方安全计算平台，并已投入多领域应用及研究。如在社会科学领域，该平台被用于评估全国信息通讯公司的经营状况，在保护企业经营数据的情况下，让政府机构获得该行业的发展态势。此外，该平台亦被用于各类金融监管试点工作，如帮助爱沙尼亚政府在保护企业交易信息的前提下实现了企业增值税逃税漏税监测，以及参与2019年英国金融行为监管局（Financial Conduct Agent，FCA）的反金融犯罪大赛试点，实现了基于多方安全计算的联合反洗钱监测。另外，丹麦科技公司Partisia建立的基于多方安全计算和区块链技术的PBC平台，将投入在两方参与的安全数据交易场景，为推动该国建立基于隐私保护计算的数据交易市场起到引领作用。

在新加坡，数据流通实践主要基于区块链技术实现。其中，较具代表性的是2017年建立的Ocean Protocol平台，通过应用区块链技术实现了去中心化的数据交易模式，主要服务于人工智能领域的数据流通交易，实现公正、透明、安全、合规的数据共享，从而破解人工智能领域的数据瓶颈问题。具体地，该平台允许数据提供方通过去中心化的数据交换协议与数据需求方进行数据交易，同时保证对所有参与者的控制，实现了交易全流程的可审计、可追溯。在合规性方面，该平台遵循新加坡的《个人数据保护法》和欧盟的GDPR。当前，该平台已实现了包括医疗、汽车、金融、物流等领域的数据交易。

## 89. 数据信托是什么？全球已有哪些试点探索？

信托是指基于对受托人的信任，委托人从自身利益出发，将资产交给受托人管理的行为。信托制度由来已久，其起源于英国，发展于美国，已经成为运行成熟的金融制度。但数据信托尚属于信托类型化研究和当代信托立法中的典型新生事物，目前国际上对"数据信托"尚未形成共识，其内涵和外延还在不断丰富和完善。国外数据信托概念更多地和个人信息处理相关，强调受托人处理委托人个人信息时有保护个人信息安全的义务。特别值得一提的是，2018年12月，美国15名民主党参议员提出《2018年数据保护法案》（Data Care Act of 2018），该法案要求在线服务提供商在处理用户数据时应承担信息受托人数据保护的相关责任。从法律角度看，数据信托是受托人管理委托人数据或数据权利的行为，同时要对委托人的利益负责。

最著名的数据信托试点是谷歌附属公司人行道实验室（Sidewalk Labs）在加拿大多伦多城市振兴项目中的"公民信托计划"。人行道实验室要在多伦多的海滨建智慧城市，如何管理和使用这些城市数据，并实现保护个人隐私是这个雄心勃勃计划需要回答和解决的关键。在探索了各种合作治理模式后（包括数据合作社和数据公社），人行道实验室最后提出了"公民信托计划"，建议成立一个独立的信托机构，监督所有的数据收集。如果其他公司（包括人行道实验室）想要建立追踪公民的硬件或服务，就必须经过该信托机构提交名为责任数据影响评估的审核。这意味着，人行道实验室将城市数据视为一种公共资产，并作了非常完备的数据信托计划。然而即便如此，人们出于对科技公司的不信任最后还是反对了该计划，导致该计划以失败告终。人行道实验室"公民信托计划"的失败，给数据信托实践带来一些启示，即数据信托的受托人身份非常重要。

英国作为信托制度的发源地，在数据信托领域的研究探索也走在前列。从2018年12月到2019年3月，英国开放数据研究所联合英国政府人工智能办公室和"创新英国"进行了三个数据信托试点项目，荒野实验室技术中心探索数据信托是否有助于在全球范围内打击非法野生动物贸易、伦敦政府探索数据信托模式是否支持城市数据共享以及开放数据研究所与垃圾&资源行动项目合作衡量全球食物浪费的情况。试点项目结束后，开放数据研究所发布了一份总报告《数据信托：来自三个试点的经验教训》，认为数据信托是非常情境化的，每个数据信托都有其独特性。因此，无法从试点项目中总结出一个或几个成熟的数据信托模式，每一个数据信托都需要在具体情境之中确定极其复杂的法律结构。

## 90.英特尔的SGX和安谋的TrustZone被曝过哪些安全漏洞？

英特尔推出的SGX和安谋生产的TrustZone是全球范围内可

信执行环境领域的主流产品，其信任根均在于技术厂商，因此安全性主要依赖于对这些厂商的信任。近年来，这两款产品相继被曝因设计缺陷导致安全漏洞问题，因而其安全性和稳定性仍存疑。例如，2020年，美国佛罗里达州立大学学者与百度X实验室专家在联合发表的研究中指出SGX存在软件接口风险，并分析了四种攻击模型，使得攻击者无须权限即可绕过严密封锁，获取存储在SGX中的核心敏感数据。2021年，苏黎世联邦理工学院、新加坡国立大学和国防科技大学的学术团队发现了英特尔处理器中的漏洞，使得攻击者可访问存储在安全环境中的敏感信息，甚至在易受攻击的系统上运行任意代码，严重破坏托管在该安全环境中的隐私数据安全。

类似地，TrustZone也被曝光因设计缺陷存在安全漏洞。有学者在2017年发现TrustZone存在设计缺陷，攻击者可通过降级攻击攻破该安全环境，用存在已知漏洞的版本去替换现有的版本。另外，2022年，以色列特拉维夫大学相关学者发现三星Galaxy系列手机应用的TrustZone系统中密钥存储方式存在漏洞问题，涉及至少1亿部三星Galaxy系列手机。攻击者可以利用漏洞提取加密的敏感信息，比如存储在用户设备上的密码等。另外，该学者在研究中还利用这个漏洞绕过了基于硬件的双因素身份验证。

因此，在当前全球政治格局趋于变化的大背景下，国内机构应用这类技术时应当结合场景和数据的安全要求进行综合评估分析。对不太敏感、安全等级稍低的数据应用场景，应用时也应考虑可信执行环境技术缺乏自主可控性的问题，并确保产品遵循我国针对此类技术的标准规范。对于高度敏感甚至涉及国家安全的数据应用场景，应优先选择安全性在理论上可证明，且自主可控性强的技术，充分保障我国数据安全，贯彻落实国家总体安全观。

## 91.国际上现有哪些隐私保护计算标准?

随着隐私保护计算技术逐步工程化落地，业界对其大规模商用的需求与日俱增，国际上的技术专业组织、学术组织及行业协会等开始重视技术标准及规范制定工作，旨在为新兴隐私保护计算技术安全、有序落地提供参考指引。其中，可信执行环境由于技术发展、成熟及投入应用的时间较早，是此类技术中第一个制定标准的技术，即2009年开放移动终端平台组织（Open Mobile Technical Platform，OMTP）发布的《Advanced Trusted Environment：OMTP TR1》标准。

随着其他隐私保护计算技术的普及和应用有序推进，国内外针对这些技术的概念、技术框架、技术要求、测试方法等相继制定了一系列标准。在密码学的相关技术领域，同态加密技术的标准出现较早。2018年，同态加密标准化开放联盟（HomomorphicEncryption.org）发布了《同态加密标准》（Homomorphic Encryption Standard），提供了同态加密方案描述、安全属性、安全参数表、同态加密编程模型和API等基础标准。2019年，国际标准化组织（International Organization for Standardization，ISO）正式发布了《信息技术–安全技术–第六部分：同态加密》（Information technology–Security techniques–Part 6：Homomorphic encryption），规范了指数E1Gamal和Paillier两种同态加密算法，并规定了每种算法的参数、密钥生成、数据加解密、同态操作等流程。另外，ISO当前正在制定《信息技术–安全技术–第八部分：全同态加密》（Information technology–Security techniques–Part 8：Fully homomorphic encryption），该标准将规范全同态加密（同态加密的一种）的工作机制。

另外，随着多方安全计算技术在近几年加速普及，技术厂商联合行业组织积极推进建立相关标准和规范体系，于2021年先后推出两项技术标准。2021年10月，国际电信联盟通信标准局（Telecommunication Standardization Sector of the International Telecommunications Union，ITU–T）正式发布《多方安全计算技术指引》（Technical Guidelines for Secure Multi–party Computation）。该指引规范了多方安全计算的技术框架、安全等级，并给出了多方安全计算的实践案例，主要为信息通信行业机构使用多方安全计算技术提供参考。同年11月，电气与电子工程师协会（Institute of Electrical and

Electronics Engineers，IEEE）正式发布了由阿里巴巴牵头主导的《多方安全计算推荐实践》（Recommended Practice for Secure Multi-Party Computation），该标准对多方安全计算进行了定义，并规范了该技术在实现过程中的基本要求、可选要求、安全模型、系统角色、工作流程、部署模式等。

在联邦学习领域，由于对其内涵尚未形成统一认识，因此相关标准进展并不突出，仅有我国部分学者和机构在推进相关领域工作。当前国际上已有IEEE正式发布的《联邦学习基础架构与应用标准》（Guide for Architectural Framework and Application of Federated Machine Learning）。其作为国际上首个针对人工智能协同技术框架订立标准的项目，由微众银行发起、深圳国家基因库等多家单位参与制定。该标准对联邦学习概念、分类及适用场景、架构和应用进行定义及规范，并给出技术评估方法和相应监管要求，将为更多海内外机构应用联邦学习技术提供标准化的行业规范。

在可信执行环境技术领域，IEEE于2021年发布的《基于TEE技术的机器学习标准》（Standard for Technical Framework and Requirements of TEE-based Shared Machine Learning）是国际上首个基于可信执行环境的隐私保护机器学习技术框架与要求的国际标准。其针对基于可信执行环境技术的机器学习给出具体实现方案，并明确了整体技术架构的要求等。该标准的编制工作由蚂蚁集团作为标准工作小组的主席单位牵头，并联合国内中国电子技术标准化研究院、北京大学、浙江大学、之江实验室等机构共同完成。除此之外，IEEE归口的《基于TEE的安全计算标准》（Standard for Secure Computing Based on Trusted Execution Environment）正在制定过程中，其概述了基于可信执行环境的安全计算系统，从隔离性、保密性、兼容性、性能、可用性和安全性等方面定义了通用安全计算平台的技术要求，并给出安全计算技术的用例和场景。

我国学术机构及科技厂商近年来对多方安全计算以及联邦学习的探索尝试较多，对技术特性、应用规则及原则有着深厚积淀和理解，并凭借此优势积极参与了多方安全计算和联邦学习的国际标准编写工作。在全球数字经济快速发展和隐私保护需求并行的大背景下，我国学术机构、科技厂商应继续基于自身专业能力积累，加大同海外同业机构的交流合作，共同推进技术标准体系建设，为海内外从业机构应用隐私保护计算技术提供统一、标准的规范。

## 92.哪些国家和地区申请隐私保护计算专利较为突出？

在隐私保护计算技术工程化落地，并进入试点探索的过程中，全球范围内相关专利申请热度近年来一路攀升（见图39）。

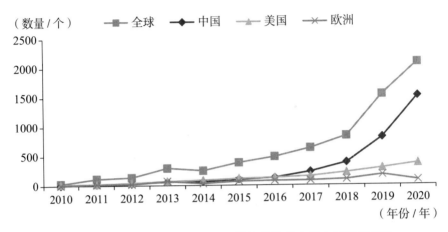

**图39　2010-2020年全球隐私保护计算技术专利申请数量趋势**

资料来源：智慧芽专利检索

可以看出，全球隐私保护计算技术的专利申请数量自2010年起逐步攀升，在2018年左右呈爆发式增长。根据笔者统计，中国、美国和欧洲的隐私保护计算专利申请数量最为突出，2010年至2020年期间的隐私保护专利申请总数分别占全球总数的49%、23%和11%。在这个过程中，中国显示出极大的后发优势，专利总量达到美国2倍多、欧洲4倍多。细分到技术种类，中国、美国和欧洲业界对技术的偏重有显著差异。欧美地区对可信执行环境以及基于密码学方法的技术更为热衷，而我国对联邦学习的热度度更为明显。另外，不同地区行业监管政策和方向不同，也导致了隐私保护计算技术在业界落地应用程度有所差异。

中国由于其市场规模大、金融数字化转型及创新迅速等特性，对隐私保护计算的需求日益增加，相关技术专利申请数量增速在2016

年至2018年显著提升（见图40）。特别是在金融、医疗、政务及工业等基于数据驱动的数字密集型产业领域，应用隐私保护计算实现数据安全流通的尝试探索最为显著。具体来看，可信执行环境由于发展和成熟起步较早，我国相关专利申请也于2012年左右就已开始呈现上升趋势，且在数量上一直处于领先位置，但近几年增长速度相对于多方安全计算和联邦学习较为缓慢。多方安全计算技术专利申请兴起于2016年，并在后续逐年攀升，特别是从2018年起显示出了明显的后发优势，申请数量不断超越其他技术，于2020年位列第二。业界对基于联邦学习的多方数据联合建模探索尝试较多，相关专利申请数量在2019年某些框架开源后呈现出爆发式增长，并在2020年位列第一。

**图40　2010-2020年我国隐私保护计算技术专利申请数量趋势**

资料来源：智慧芽专利检索

在美国，隐私保护计算技术的专利申请数量上升趋势总体较为平缓（见图41）。与我国相似的是，可信执行环境得益于成熟度优势，其相关专利申请热度在初期较高，且一直处于领先位置。另外，联邦学习专利申请亦呈现出后发增长特点，增速自2018年起有显著提升，并在2020年与同态加密和多方安全计算技术持平。与我国不同的是，美国业界比较重视基于硬件和密码学的技术，这从2010年至2019年间可信执行环境、多方安全计算及同态加密技术的相关专利申请热度一直高于联邦学习和差分隐私中可见一斑。

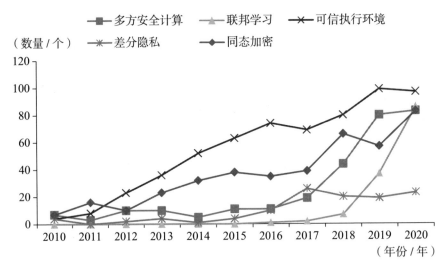

**图41　2010–2020年美国隐私保护计算专利申请数量趋势**

资料来源：智慧芽专利检索

在欧洲，可信执行环境技术的优势更为明显（见图42）。虽然该技术的专利申请数量在2010年至2020年呈现出显著波动，但整体仍在所有技术中位于第一。与美国类似，欧洲也较青睐可信执行环境、同态加密和多方安全计算技术等密码学技术，专利申请热度显著高于联邦学习和差分隐私。联邦学习相关专利申请虽自2018年起缓慢上升，但后续一直未显著增长。与中、美两国不同的是，欧洲多方安全计算相关专利申请开始较早，于2016年便开始快速增长，但从2019年起开始下降。另外，在欧洲，整体而言隐私保护计算技术相关的专利申请数量并未大幅增长，并且可信执行环境、多方安全计算和同态加密技术等密码学专利申请数量自2019年起甚至有所下降。

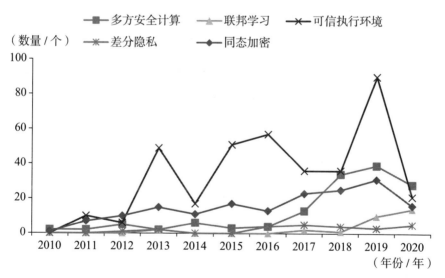

**图42 2010-2020年欧洲隐私保护计算专利申请数量趋势**

资料来源：智慧芽专利检索

# 93.全球首个多方安全计算技术的商用案例是什么？

多方安全计算技术的全球首次商用落地可追溯至2008年丹麦的糖业合同匹配案例。当时，为改变欧盟糖业补贴制度对发展中国家的糖农造成严重打击现状，世界贸易组织裁定欧盟需在2006年5月前将其糖出口量下降至每年127万吨或以下。为及时达到世界贸易组织的要求，诸多欧盟成员国在糖业市场开展一系列改革，并引发出市场复杂的定价问题。其中，在丹麦，糖业改革后其某岛屿上被迫关闭了一个糖厂，因此这些菜农需要与另外两个非同一岛屿的糖厂重新匹配合同。但丹麦一直未实现全国化的糖业市场机制（缺乏全国化的双向拍卖机制），导致合同匹配工作十分困难。菜农作为售卖方为甜菜报价，但又不希望泄露自己的具体报价，如果长期泄露报价，则其他人就会得知菜农的甜菜种植能力和做生意能力；制糖厂作为购买方，希望得知市场的出清价（保证供需关系平衡的售卖价格）。因此，如果双方要促成交易，就需要在不泄露菜农报价的前提下计算得到市场出清价。

为解决这一问题，丹麦政府引入了该国科技公司Partisia开发的基于多方安全计算技术的平台Partisia Contract Exchange，通过基于隐私保护的拍卖机制，帮助甜菜菜农与制糖厂实现高效的甜菜合同交易，重新分配合同从而适应行业变化。在拍卖过程中，该平台应用多方安全计算技术，在不泄露菜农的报价信息的情况下，实现了全国范围内菜农与Danisco制糖厂的合同最佳匹配，并为每个合同确定单个市场价格，让交易双方获得最大收益。在平台拍卖机制帮助下，丹麦糖业市场迅速适应了欧盟糖业改革带来的新市场形势。该案例也成为公开的最早的多方安全计算落地应用案例。

## 94.我国目前的隐私保护计算落地算全球领先吗？国外相关进展如何？

根据公开资料来看，目前欧洲、美国及中国的隐私保护计算技术探索比较先进，为全球实践的先行者。但上述各地区由于产业需求、政策法规等方面有所差异，其隐私保护计算发展也呈现出不同态势。一是从顶层制度建设来看，欧美地区的监管当局、政策制定者对隐私保护计算技术的落地持审慎态度，因而相关落地应用进程较慢；而我国则采取全面的鼓励支持思路，因此技术落地进程更为迅速。二是从应用领域来看，欧美地区隐私保护计算技术应用更多面向金融风控和监管领域，而我国相关应用场景则更为广泛。

**欧美等地也高度重视隐私保护计算技术的顶层设计。**其相关技术标准出台速度虽然较慢，但各地政策制定者均在积极寻求符合现行隐私保护法律框架的数据流通技术方案，并审慎论证隐私保护计算技落地的可行性。例如，美国参议院于 2021 年 4 月向国会提交的《美国数据隐私和保护法（草案）》（Promoting Digital Privacy Technologies Act）指出，匿名化和假名化、差分隐私和多方安全计算等均为落实保护个人数据隐私的重要工具，并授权国家科学基金会加大对相关技术的研究和落地的标准化工作。该草案于 2022 年 6 月由参议院和众议院联合发布，成为首个获两党两院支持的美国联邦层面隐私提案，是当前美国联邦政府推行隐私保护改革措施的关键一步。在金融领域，美国旧金山联储行于 2021 年 6 月发布了《Privacy Enhancing Technologies：Categories，Use Cases，and Considerations》报告，围绕隐私保护计算技术分类、应用案例及技术落地细则展开讨论。

在欧洲，欧盟网络与信息安全局（The European Union Agency for Cybersecurity，ENISA）2021 年 1 月发布的《Data Pseudonymization：Advanced Techniques & Use Cases》报告，指出多方安全计算、非对称加密及环签名等技术在医疗健康和网络安全领域的应用前景可观，鼓励机构进行常规性的数据与隐私安全风险评估，并针对风险评估结果分析密码技术解决方案的可行性。2022 年 1 月，ENISA 继续发布的《Data Protection Engineering》报告，进一步阐述差分隐私、数据脱敏、多方安全计算、同态加密及可信执行环境等技术如何落实 GDPR 基于设计的隐私保护（Privacy by Design），同时鼓励学术界加强对上述技术的落地可行性研究，并敦促监管机构遵照 GDPR 中的相关要求，推进相关技术的认证体系建设工作。

从上可见，欧美等国虽尚未出台隐私保护计算技术应用标准，但其已对该类技术成为当代数据安全隐私保护体系下的解决之道达成共识，并正在立法、标准建立等方面积极布道相关探索和发展。

**对比欧美地区，可以说我国当前的隐私保护计算技术顶层设计更超前。**不同行业监管当局对隐私保护计算技术采取更为支持、鼓励的态度，在加大推动市场创新同时，还积极推动出台行业性的顶层设计，相关标准规范不断出台、试点项目迅速推进，为更好地推动创新技术应用奠定基础。

**从应用领域来看，欧美地区的隐私保护计算应用更多侧重金融风控、金融监管方向，有少量医疗、社会科学研究、数据交易方面的实践应用。**如在欧洲，隐私保护计算现有落地以商业机构自行探索试点以及政府机构主导的金融监管沙盒试点为主，爱沙尼亚、丹麦和英国较为突出。其中，爱沙尼亚的Cybernetica公司开发并推出了基于秘密分享协议的多方安全计算平台Sharemind，并在社会科学类研究以及该国金融监管试点中得到落地应用。丹麦Partisia公司自2008年实现了全球首个多方安全计算落地应用后，也不断开发面向多领域的多方安全计算解决方案，并优化迭代产品，为推动丹麦建立基于隐私保护计算的数据交易市场起到引领作用。在英国，隐私保护计算应用探索主要通过监管沙盒落地。2019年，英国金融行为监管局（Financial Conduct Authority，FCA）开展了基于隐私保护计算等新技术的反洗钱及反欺诈试点项目，来自欧洲及美国的隐私保护计算技术公司通过与当地金融机构合作的方式参加了试点项目。在胜出的十项解决方案（包括Cybernetica与Partisia开发的解决方案）中，有三项应用了多方安全计算技术，五项应用了同态加密技术，一项应用了联邦学习，一项应用了哈希算法。根据FCA公开信息，这些项目将继续与金融机构合作，推动其隐私保护计算技术方案进入PoC测试（Proof of Concept），为其金融落地应用奠定基础。

在美国，隐私保护计算技术主要以科技公司产品形式进入落地应用，涉及领域以金融和医疗行业居多。其中具有代表性的科技公司包括Inpher、Duality Technologies、Enveil等，均开发了基于多方安全计算和同态加密技术的计算平台，在反洗钱、信用卡反欺诈以及疾病诊断等场景得到探索应用。除上述技术外，基于可信执行环境和联邦学习的方案也有少量落地实践。例如，金融科技公司Consilient与英特尔合作建立了基于可信执行环境的联邦学习反洗钱平台，并与五家银行合作进行了测试。根据相关报告，与传统反洗钱模型高达95%的误报比例相比，基于该方案实现的反洗钱误报比例低至12%。

**相对于欧美地区，我国隐私保护计算的实践进程更快，且覆盖的场景更为广泛。**其中，金融业相关探索最为突出，以政府机构主导的金融科技创新试点和科技厂商自行探索为主。如中国人民银行和中国证券监督委员会已分别开展创新监管试点项目，截至2022年7月，两部委批准的涉及隐私保护计算技术的试点分别有18项和3项，涵盖产品营销、授信评估、信贷风控、跨境结算、移动支付人脸识别、债券估值等场景。此外，产业界已出现多家技术厂商联合金融机构自行开展的探索试验，在保险产品定价、信贷风险预测、反洗钱侦测等场景均有实践。

## 95.欧美地区的隐私保护计算金融应用现状如何？对我国有何借鉴意义？

在我国、欧洲和美国，金融业隐私保护计算的应用均处于试验阶段。综合对比来看，我国政府推动的顶层设计力度更大，且试点场景更为广泛。欧美的相关试点、学术讨论及政策层面的论证虽数量多，而真正落地的场景较少，且进程缓慢。分析背后原因，主要是不同地区的政府部门、监管机构在面对新兴技术应用时，政策方向和思路方面存在差异。

在美国和欧洲地区，虽然关于联邦学习、多方安全计算等技术的理论研究成果丰富，但从商业化推进程度来看，这些技术的落地预计将慢于中国，其中原因有两方面。一是美国银行业自2008年国际金融危机以来一直受到严格监管，开发并引进机器学习技术均需要历经冗长的审查过程，导致该行业人工智能技术的应用一直处于落后状态。另外，虽然美国财政部和美联储近来已表态，鼓励银行开展人工智能创新应用，但由于缺乏明晰的相关行业标准和监管规则，业界人士及监管者对人工智能技术的业务风险和监管风险（即"黑箱理论"）尚存顾虑，导致这一进程依然滞缓。二是在信贷业务领域，美国大数据征信体系已覆盖了海量且广维度的个人及企业信用数据，能够为商业银行、P2P网贷平台及互联网金融公司提供全面的信用信息，因此它们融合更多外部数据的需求不强烈。然而，美国并没有放弃关于隐私计算的研究和探索，甚至部分学者认为美国银行业对安全融合数据的需求亟待通过隐私保护计算技术解决。例如，已有金融机构联合科技公司、学术机构在信用卡反欺诈及跨行反洗钱等场景开展关于隐私保护计算的建模测试。但受限于银行业严苛的监管政策，此进度仍慢于中国。类似地，美国及欧洲的保险业也面临同样问题，导致行业实现大规模应用受阻。综上，欧美地区的金融业在引进新技术前需要经过大量论证，隐私保护计算技术尚处于潜在风险验证和评估阶段，这是欧美地区隐私保护计算在金融领域的落地应用较少的关键影响因素。

相较欧美地区，我国金融业的隐私保护计算落地进程显得更加迅速。这主要得益于金融监管机构鼓励创新探索应用。例如，银行业和保险业在引进机器学习等新技术时无须经过事前监管审批，仅需接受银保监会的日常抽样审查。在审查中，监管方着重关注机器学习模型为银行不同业务模块带来的收益，同时也会询问模型可解释性。另外，我国数字金融基础设施较好，对于依托技术实现数据融合应用的需求更为强烈。但同时，我国现有征信体系正处于市场化改革进程中，存量征信系统数据存在数据维度不够且有效性不足等问题，尚无法满足银行等金融机构精准风控诉求。因此，这些金融机构需要通过寻求技术突破以打通内外部数据，提升信贷业务风控水平。鉴于上述原因，我国金融行业出现了较多隐私保护计算的落地探索，且涵盖的场景较欧美更为丰富。当然，应该注意的是，各金融机构在应用隐私保护计算产品时，应充分评估产品架构及技术本身的安全性，并事前制定应急方案，避免因过于"激进"地应用新技术而引致数据安全隐患。

第七章

预见：
数据要素化的远景趋势

迎接数字时代，激活数据要素潜能，推进网络强国建设，加快建设数字经济、数字社会、数字政府，以数字化转型整体驱动生产方式、生活方式和治理方式变革。

——《中华人民共和国国民经济和社会发展第十四个五年规划和2035年远景目标纲要》

## 96.数据如何赋能"双循环"新发展格局？

我国在"十四五"规划中提出，要加快构建以国内大循环为主体、国内国际双循环相互促进的新发展格局。这是根据全球政治经济环境深刻变化、我国人民日益增长的美好生活需要，特别是基于我国比较优势变化，审时度势作出的重大决策，也是把握我国"十四五"和未来更长时期内经济发展主动权的战略性布局和先手棋，是新发展阶段要着力推动完成的重大历史任务。数据将全面赋能"双循环"，推动新发展格局变为现实、落到实处。

一是数据将推动科技创新在畅通循环中发挥关键作用。如今，数据驱动的"第四科学范式"正在加速兴起。以生命科学为例，目前全世界每年产生数据总量已到EB级，国际上公开的生物数据达450TB。从某种意义上说，当前的生命科学是典型的数据驱动科学。目前，我国科技创新数据资源汇聚共享进展缓慢。如每年高达1.1PB的国际生物数据下载量中，55%都来自我国国内。建立规范的数据要素市场，将有序推动国家科学数据安全流通与共享，助力以数据为纽带的产学研协同创新。基于流通释放出来的海量数据处理和计算价值，可以提炼传统研究方式下很难发现的新规律、新现象，从而提升基础研究能力、增强原始创新水平。

二是数据推动创造供给和引领需求，实现供需良性互动，更好地发挥我国超大规模市场优势。一直以来，和发达国家相比，我国消费占宏观经济比例并不高。可以预见，在未来相当长一段时间，数据将支撑我国供给全面升级，释放居民巨大的消费潜力。首先，数据可以精准刻画客户画像，提高精准营销和个性化服务能力，提升消费者需求满意程度。其次，数据可优化赋能生产环节，为工业、农业、服务业生产提供决策支持，提升个性化定制和柔性化生产水平。最后，数据还可通过高效的数据收集与算法优化，精准对接供需双方，使生产者能够及时、准确、有效地获取各类需求信息，供需之间的需求摩擦大大减小，推动需求牵引供给、供给创造需求的高水平动态平衡。

三是数据推动金融更好服务实体经济，助力双循环发展格局。金融是现代经济的核心和血脉，是资源配置和宏观调控的重要工具，"金融活、经济活"。通过数据赋能，金融业将在形成双循环发展格局中发挥重要作用。在扩大内需以及线上消费快速崛起的背景下，文化、养老、体育、健康等消费行业发展空间将更加广阔，数据能够支持聚焦特定地区、特定人群的消费需求，支持不同场景下的消费金融产品创新，拓宽金融服务的新模式、新业态，促进居民消费升级。此外，数据还可与物联网、区块链、多方安全计算等技术融合，推动金融业建立基于数据的产业运行监测和精准投资体系，准确把握供应链、产业链运行情况，推动资金向具有竞争优势的实体经济企业汇聚，优化金融资源配置效率。

四是数据推动区域协调发展。数据具有跨越时空的特点，是数字经济时代人才、资金、技术、产业资源跨域流通的纽带。当前，我国正在推进的几大区域协调发展战略，无不把数据资源跨地域流通作为重要抓手。从全国层面看，我国东中西部数字经济发展结构性失衡，东部地区创新能力强，但算力基础设施资源紧张；中西部地区能源和算力资源丰富，但产业发展水平不高，能源资源未得到充分运用。通过构建全国范围数据流通大市场，有助于加快推进区域协调发展战略，在中西部打造新的数字经济增长极，共同形成东中西部区域协调发展新格局。

五是数据推动更高水平的对外开放，更深度融入全球经济。为推动内循环促进双循环，使国内市场和国际市场更好联通，我国可重点发挥数据的如下作用：将数据与数字技术结合，推动电子、汽车、装备等优势产业提档升级，增强产业外向度和国际竞争力；基于数据发展更加数字化、智能化的跨境电商、市场采购贸易、外贸综合服务等外贸新业态新模式；基于数据推动境内外数据互联、监管互助互认，促进双多边投资贸易便利化合作；基于数据巩固"一带一路"数字基础设施建设。例如通过搭建"一带一路"数据公共服务平台，为地方政府和社会化机构"走出去"和全球贸易决策提供数据服务，助力实现高质量"引进来"和高水平"走出去"。

## 97.在加强科技伦理治理的背景下，如何做好数据伦理治理?

科技伦理是开展科学研究、技术开发等科技活动需要遵循的价值理念和行为规范，是促进科技事业健康发展的重要保障。一直以来，我国高度重视科技伦理工作，2022年3月，中共中央办公厅、国务院办公厅印发了我国首部系统部署科技伦理治理工作的指导性文件《关于加强科技伦理治理的意见》，标志着我国科技伦理治理体系在覆盖全面、导向明确、规范有序、协调一致的道路上迈出了历史性步伐。随着数据深入渗透经济社会方方面面，数据伦理日益成为科技伦理的重要组成部分。加强数据伦理治理，是有效防控科技伦理风险的重要手段，是保障科技向善、维护消费者权益的必由之路，同时也是实现高水平科技创新的必要条件。

当前，数据融合应用创新快速发展，面临的伦理挑战日益增多。主要包括以下几个方面：一是数据过度采集和违规使用。一些企业在没有征得消费者或其他利益相关者同意的情况下，过度采集和滥用其信息，从而侵犯消费者和社会公众等利益相关者的数据权利。二是数据算法带来价格歧视。以大数据杀熟和分类定价为代表，通过数据算法精准把握用户支付意愿，形成个性化定价，损害消费者的平等权利。三是数据霸权催生的垄断主义。少数企业凭借数据上的垄断优势获取高额利润，并不断垄断数据资源，间接导致中小微企业面临数据及市场竞争困境。

治理数据伦理风险，应明确相应的伦理原则：一是以人为本。数据创新应用应坚持从人民群众实际需求出发，服务于我国社会健康发展和人民生活质量提高。二是尊重生命权利。数据融合应用应最大限度避免对人的生命安全、身体健康、精神和心理健康造成伤害或潜在威胁，尊重人格尊严和个人隐私，保障参与者的知情权和选择权。三是坚持公平公正。数据创新应用应尊重宗教信仰、文化传统等方面的差异，公平、公正、包容地对待不同社会群体，防止歧视和偏见。四是合理控制风险。避免数据应用带来的隐私泄露、算法黑箱、信息茧房等问题，切实防范技术和数据滥用可能导致的风险。五是保持公开透明。及时、真实、准确、完整地主动对外披露数据创新应用的功能实质和潜在风险，保障数据使用本身的可解释、可追责、可干预。

## 98.数据收益应该如何分配，如何赋能"共同富裕"？

数据作为生产要素参与分配，具有激励各主体参与创新、促进产业结构升级优化和推动新兴产业发展等一系列重要的现实意义。

中共中央、国务院《关于构建数据基础制度更好发挥数据要素作用的意见》提出，建立体现效率、促进公平的数据要素收益分配制度。健全数据要素由市场评价贡献、按贡献决定报酬机制。更好发挥政府在数据要素收益分配中的引导调节作用。现阶段，我国基于数据的收入分配设计需要符合三项基本原则：一是健全市场按照效率原则进行初次分配的机制；二是提高劳动报酬在初次分配中的比重，并扩大中等收入群体比重；三是加大税收、社保、转移支付等调节力度并提高精准性，完善直接税制并提高其比重。因此推动数据参与收入分配，可考虑从以下三方面开展。

一是根据市场发展阶段特征，完善数据初次收益分配机制。在数据要素市场培育期，数据的获取成本、合规成本、产出效率决定了其被投入和应用的意愿。要按照"谁投入、谁贡献、谁受益"原则，保护数据要素各参与方的投入产出收益。因此可探索制定数据资源化成本核算制度，形成数据研发成本核算标准。在数据要素市场成熟期，大规模交易市场将初步形成，可遵循市场化原则，不对数据资产进行直接定价，在清晰界定数据使用目的、方式和次数的基础上，围绕数据资产质量、数据安全合规风险、市场评价等方面释放价值信号，让市场主体在充分竞争和博弈中形成价格共识。在数据要素市场变革期，可创新发展数据资本化运营模式。例如探索将企业数据资产纳入企业资产负债表，参考知识产权证券化方式，以数据资产未来现金流作为偿付来源，向投资者发行有价证券。推广数据质押融资，以质押数据的真实价值和隐含风险作为对贷款主体风险评估的参考，发放贷款。

二是健全政府主导下监管与激励相融合的数据二次分配机制。当前数据要素市场中提供数据产品服务的卖方议价能力强，数据产业链的收益分配明显集中于产业链末端，产业链中上游市场主体利润受挤压状况明显。因此要推动数据要素收益向数据价值和使用价值的创造者合理倾斜，确保在开发挖掘数据价值各环节的投入有相应回报。在政府财政预算收入端，可研究征收数据交易流转税、数据交易收益所得税，建立健全违法违规收集、生产、交易、使用数据等行为的行政处罚制度。在政府财政预算支出端，设立面向数据要素市场建设和发展的公共服务支出机制。当前，正值数据要素市场培育建设初期，应考虑设立数据要素市场基本建设专项支出，推进集约型数据流通交易基础设施建设，建立数据合规、数据登记、数据交易撮合、交易清结算等公共服务平台，基于"价值运营"理念促成自主有序的数据流通生态格局。此外，可制定面向数据产业链相关市场主体的税收优惠政策或新型专项财政补贴制度，比如为数据型初创企业提供税收优惠。

三是建立激励社会主体参与的三次分配制度。个人作为社会数据的提供者之一，理应获得其贡献数据的相应收入分配。在尚未建立原始数据来源方直接参与收益分配机制的阶段，可以考虑鼓励企业加大数据安全合规成本投入，提升数据流通交易安全保护等级，从而为数据来源方提供更安全的隐私保护作为利益补偿。研究设立国家公共数据开放平台的企业接口，鼓励市场主体在平台上以"数据可用不可见、使用可控可计量"的方式开放自身相关数据资源，促进孵化全社会层面数据公益性应用。此外，政府需要加强企业参与三次分配政策引导，更加关注公共利益和相对弱势群体，防止和依法依规规制资本在数据领域无序扩张形成市场垄断等问题。如重点引导企业承担社会责任，鼓励开展经营盈余捐赠或税前列支捐赠，或通过免费提供便民数字服务的方式将数字红利返还民众等。统筹使用多渠道资金资源，开展数据知识普及和教育培训，提高社会整体数字素养，着力消除不同区域间、人群间数字鸿沟，增进社会公平、保障民生福祉、促进共同富裕。

## 99. 如何探索构建现代数据产权制度？

产权制度是关于产权归属、运营、保护等的一系列体制安排和法律规定的总和。现代数据产权制度是建立数据要素市场交易秩序的前提，是激励和约束市场主体的根本。有效的数据产权制度可以使隐私得到保护和尊重，加速数据流通应用，促进形成数据产业生态，推动数据要素市场繁荣发展。中共中央、国务院《关于构建数据基础制度更好发挥数据要素作用的意见》提出，建立建立保障权益、合规使用的数据产权制度。推动数据产权结构性分置和有序流通，结合数据要素特性强化高质量数据要素供给；在国家数据分类分级保护制度下，推进数据分类分级确权授权使用和市场化流通交易，健全数据要素权益保护制度，逐步形成具有中国特色的数据产权制度体系。因此，构建现代数据产权制度，要推进公共数据、企业数据、个人数据分类分级确权授权使用，平衡经济发展与国家安全、企业利益与个人权益，满足个人视角下的隐私保护、产业视角下的利益保护和公平竞争、国家视角下的数据主权安全及国际竞争三重诉求。具体地，可考虑从以下三方面开展。

一是强调个人主体的人格权保护。个人作为个人信息的相关主体，虽然其本身不一定直接参与数据价值创造过程，但与其有关的个人信息具有潜在经济价值，有必要对过度收集个人信息和侵犯公民隐私的行为进行规制。《关于构建数据基础制度更好发挥数据要素作用的意见》明确提出，建立健全个人信息数据确权授权机制。不得采取"一揽子授权"、强制同意等方式过度收集个人信息，促进个人信息合理利用。因此，现代数据产权制度针对个人主体，需要关注隐私保护，避免企业过度收集个人信息带来的负面影响。强调人格权保护底线，在数据权属界定过程中，重点赋予个人主体对其个人信息的使用控制权。权益保障应从政策设计与技术创新两方面入手。就政策层面而言，应在《个人信息保护法》的基础上，进一步明确谁有权收集何种类型的个人信息，谁有权处理和使用这些个人信息，企业是否有权与其他人进行个人信息交易或共享，以及处理程度如何。就技术层面而言，在数据交易场景中，敏感个人信息可基于多方安全计算和区块链技术保护个人数据权属，通过数据使用可控的方式进行流通。

二是强调保护企业数据价值创造的财产权保护。对于数据持有方和第三方使用人来说，其对数据资源的采集加工、流转应用等一般都投入了资本和劳动等其他生产要素，这些投入使得数据流通成为具有价值创造的生产活动。依据"按市场评价贡献、按贡献决定报酬"的原则，其合法贡献应当得到法律上的认可。对于数据持有方和第三方使用人，其主要关心的是投资数据开发利用的回报保障问题。在法律保障方面，现代数据产权制度应建立数据资源持有权、数据加工使用权、数据产品经营权等分置的产权运行机制，健全数据要素权益保护制度，赋予数据持有者以数据使用权利。一方面可以确认数据持有方的权利，使其受到法律的保护；另一方面可以划定数据持有方在什么样的范围内如何使用数据，将数据使用约束在合法范围内。《关于构建数据基础制度更好发挥数据要素作用的意见》提出，合理保护数据处理者对依法依规持有的数据进行自主管控的权益。在保护公共利益、数据安全、数据来源者合法权益的前提下，承认和保护依照法律规定或合同约定获取的数据加工使用权，尊重数据采集、加工等数据处理者的劳动和其他要素贡献，充分保障数据处理者使用数据和获得收益的权利。保护经加工、分析等形成数据或数据衍生产品的经营权，依法依规规范数据处理者许可他人使用数据或数据衍生产品的权利，促进数据要素流通复用。建立健全基于法律规定或合同约定流转数据相关财产性权益的机制。在数据处理者发生合并、分立、解散、被宣告破产时，推动相关权利和义务依法依规同步转移。在机制建设方面，重点做好数据持有方和第三方机构的数据登记，同时也要做好数据流通应用中的合规监管。

三是重点关注国家数据主权，整体数据权属应从公共利益角度考虑。数据具有公共性和公众性。有些类型的数据尽管并不由国家直接创建或提供，如互联网科技企业在其合法经营中生成并积累的业务数据等，但这些数据所承载或依附的权益关系则需要国家来监管或调整。因此，本质上而言，所有数据处理和流通都不得侵犯国家主权。我国在国际数据主权交锋加剧的背景下，应从国家安全和公共利益角度出发，将数据作为公共物品加以管理和规制，特别需要重点关注国家数据主权，避免受其他国家长臂管辖干扰。在法律保障方面，国家数据主权是国家"对内最高统治权"的体现。数据主权是一个国家独立自主对本国数据进行管理和利用的权利，其法律主体是国家，体现了国家作为数据控制者的主体地位。因此，国家数据主权应在现代数据产权制度中予以保障。建议数据安全的审查程序，由网信部门和数据管理部门共同执行，评估数据流通中侵犯数据主权的风险。

## 100. 数据资产化离我们有多远？

数据资产化是把数据变成数据资产的过程。我们一般理解的数据资产，大多是从会计学角度出发，将数据资产理解为由企业过去的交易或事项形成的、由企业拥有和控制的，预期会给企业带来经济利益的数据资源。这个角度的理解，仅是数据作为资产的入表操作，是法律确认"数据是资产"后的结果。在此之前，数据资产化中的资产必须先变成一个法律概念，即企业可执行（enforceable）、可索权（claimable）、可供司法介入（judicible）的一种法律权益。

目前，我们可预见的数据资产化其实是数据价值资产化。由于数据具有信息价值和使用价值，能为企业带来预期收益，从而具备资产化的潜力。数据价值要真正成为资产，也需要满足以下两个前提：一是法律对数据价值作为资产的赋权和保障；二是对数据价值进行合理评估和计量，使其可以反映在企业的资产负债表中。目前数据价值的权益在法律上尚未明确，应如何资产化数据价值也还是一个疑问。《关于构建数据基础制度更好发挥数据要素作用的意见》提出构建数据资源持有权、数据加工使用权、数据产品经营权等分置的产权运行机制，探索数据资产入表新模式。财政部发布的《企业数据资源相关会计处理暂行规定（征求意见稿）》明确了企业数据资源会计处理适用的准则、披露要求，已为数据价值资产化提供了有利探索方向。当然，在法律明确数据价值权属基础上，还需要确立配套的法律实施机制来保障这些价值权益的实现，并在出现争议纠纷时，具有有章可循的司法解释来公正审判。

因此，在法律尚未界定数据价值权属和出台相应保障之前，实操层面对数据资产的估值、计量、入表也难以开展。下一步，应加快探索数据价值的法律赋权，打通数据价值资产化的关键堵点，才能构建一套科学高效的数据价值资产化评估体制机制，使数据资产化从概念变成现实。

# 名词缩写

| | |
|---|---|
| 1G | 第一代移动通信技术 |
| 2G | 第二代移动通信技术 |
| 3G | 第三代移动通信技术 |
| 4G | 第四代移动通信技术 |
| 5G | 第五代移动通信技术 |
| CPU | 中央处理器 |
| App | 移动互联网应用程序 |
| DVD | 高密度数字视频光盘 |
| DCEP | 数字货币和电子支付工具 |
| GDP | 国内生产总值 |
| SDK | 软件开发工具包 |
| MPC | 多方安全计算 |
| GC | 混淆电路 |
| HE | 同态加密 |
| SS | 秘密分享 |
| OT | 不经意传输 |

| ZKP | 零知识证明 |
|---|---|
| PIR | 隐私信息检索 |
| PSI | 隐私集合求交 |
| DM | 数据脱敏 |
| DP | 差分隐私 |
| FL | 联邦学习 |
| TEE | 可信执行环境 |

SGX Software Gard Extension

| eMBB | 增强移动宽带 |
|---|---|
| mMTC | 海量机器类通信 |
| uRLLC | 超高可靠低时延通信 |
| AR | 增强现实技术 |
| VR | 虚拟现实技术 |
| TA | 被信任的应用程序 |
| SWIFT | 国际资金清算系统 |
| AS | 自治系统 |
| BGP | 边界网关协议 |
| IDDE | 跨域数据交换 |
| API | 应用程序编程接口 |
| IaaS | 基础设施即服务 |
| PaaS | 平台即服务 |

| SaaS | 软件即服务 |
| --- | --- |
| GDPR | 《通用数据保护条例》 |
| CCPA | 《加州消费者隐私法案》 |
| COPPA | 《儿童在线隐私保护法案》 |
| CPRA | 《加利福尼亚州隐私法案》 |
| DPD | 《数据保护指令》 |
| HIPPA | 《健康保险流通与责任法案》 |
| TDPF | 《跨大西洋数据隐私框架》 |
| DPO | 数据保护官 |
| PbD | 基于设计的隐私保护 |
| PHI | 受保护的健康信息 |
| DAMA | 国际数据管理协会 |
| DCMM | 《数据管理能力成熟度评估模型》 |
| BCTC | 国家金融科技测评中心（银行卡检测中心） |
| CFCA | 中国金融认证中心 |
| ARM | 英国安谋公司 |
| Intel | 美国英特尔公司 |
| ISO | 国际标准化组织 |
| ITU-T | 国际电信联盟通信标准局 |
| IEEE | 电气与电子工程师协会 |
| NTIA | 国家电信与信息管理局 |

| | |
|---|---|
| CTIA | 美国无线通信和互联网协会 |
| WTO | 世界贸易组织 |
| OECD | 经济合作与发展组织 |
| FCA | 英国金融行为监管局 |
| DPC | 爱尔兰数据保护委员会 |
| EDPB | 欧洲数据保护委员会 |
| OBWG | 开放银行工作组 |
| OMTP | 开放移动终端平台组织 |
| OCR | 美国卫生和公共服务部民权办公室 |

# 参考文献

[1]「高端访谈」以数据流通技术"新基建"为引领　加快推进数据要素市场化建设——专访图灵奖获得者、中科院院士姚期智[N].新华财经北京7月4日电.

[2]高富平,冉高苒.数据要素市场形成论——一种数据要素治理的机制框架[J].上海经济研究,2022,(09):70-86.

[3]孔艳芳,刘建旭,赵忠秀.数据要素市场化配置研究:内涵解构、运行机理与实践路径[J].经济学家,2021(11).

[4]林善浪.关于数据作为生产要素参与分配的理论思考[J].国家治理,2020(38).

[5]梅宏.大数据与数字经济[J].求是,2022-01-16.

[6]习近平.不断做强做优做大我国数字经济[J].求是,2022-01-16(2).

[7]邓洲.基于产业分工角度的我国数字经济发展优劣势分析[J].经济纵横,2020(04).

[8]任晓刚,李冠楠,王锐.数字经济发展、要素市场化与区域差距变化[J].中国流通经济,2022(1).

［9］蔡跃洲.中国共产党领导的科技创新治理及其数字化转型——数据驱动的新型举国体制构建完善视角［J］.管理世界，2021，37（08）.

［10］黄震.数据安全法律责任体系的构建与完善［J］.金融电子化，2021（07）.

［11］李群涛，高富平.信息主体同意的适用边界［J］.财经法学，2022，（01）：3-17.

［12］程啸.论个人信息处理中的个人同意［J］.环球法律评论，2021，43（06）.

［13］高富平.同意≠授权——个人信息处理的核心问题辨析［J］.探索与争鸣，2021，（04）：87-94+178.

［14］徐葳，何昊青，陈琨，王云河.时代.联邦学习概念辨析与金融应用思考［J］.银行家，2022（03）.

［15］熊平，朱天清，王晓峰.差分隐私保护及其应用［J］.计算机学报，2014（1）.

［16］许可.数据交易流通的三元治理：技术、标准与法律［J］.吉首大学学报（社会科学版），2022，43（1）.

［17］王建冬，于施洋，黄倩倩.数据要素基础理论与制度体系总体设计探究［J］.电子政务，2022（2）.

［18］孙冶方.流通概论［J］.《财贸经济》，1981（1）.

［19］庞清阁，殷月秀.高速公路发展对GDP增长的贡献测算

［J］.综合运输，2020，42（08）.

［20］徐葳，王云河，靳晨，何昊青.基于隐私计算的数据流通平台互联互通思考［J］.金融电子化，2021（9）.

［21］李东荣.发展数据要素市场与金融业使命［J］.清华金融评论，2021（5）.

［22］王俊禄.数字乡村建设（一）数据种瓜，十万人不愁啥［J］.半月谈，2022（4）.

［23］李雨霏.人工智能在数据治理中的应用［J］.信息通信技术与政策，2019（05）.

［24］宋霞，王云丽等.区块链在数据要素市场化配置中的作用［J］.中国信息化，2021（12）.

［25］蔡晓晴，邓尧等.区块链原理及其核心技术［J］.计算机学报，2021，44（01）.

［26］罗欧，徐恩庆.关于企业上云赋能数字化转型的思考［J］.信息通信技术与政策，2020（05）.

［27］徐保民，倪旭光.云计算发展态势与关键技术进展［J］.中国科学院院刊，2015，30（02）.DOI：10.16418/j.issn.1000-3045.2015.02.005.

［28］张懿玮.《关于推进"上云用数赋智"行动 培育新经济发展实施方案》解读［J］.中国建设信息化，2020（11）.

［29］王建冬，于施洋，窦悦.东数西算：我国数据跨域流通

的总体框架和实施路径研究［J］.电子政务，2020（03）．DOI：10.16582/j.cnki.dzzw.2020.03.002.

［30］薛竞，蔡跃洲."新基建"视角的5G对经济增长影响机制研究［J］.企业经济，2021，40（07）．DOI：10.13529/j.cnki.enterprise.economy.2021.07.005.

［31］庄媛媛，靳晨，何昊青.多方计算特定应用场景的匿名化认定与建议［J］.信息安全研究，2021，7（10）．

［32］高富平.GDPR的制度缺陷及其对我国《个人信息保护法》实施的警示［J］.法治研究，2022，（03）：17-30.

［33］卓丽.GDPR下企业数据合规问题及对策分析［J］.北外法学，2020（01）．

［34］赵盈盈.欧盟GDPR对中欧数字经济合作的影响及应对［J］.对外经贸实务，2021（02）．

［35］高素梅.DCMM助推数字管理体系建设［J］.软件和集成电路，2021（08）．DOI：10.19609/j.cnki.cn10-1339/tn.2021.08.016.

［36］刘南海.基于DAMA体系运营商数据资产管理体系构建研究［J］.电信网技术，2016（09）．

［37］翟志勇.论数据信托：一种数据治理的新方案［J］.东方法学，2021（04）．DOI：10.19404/j.cnki.dffx.20210722.014.

［38］席月民.数据安全：数据信托目的及其实现机制［J］.法学杂志，2021，42（09）．DOI：10.16092/j.cnki.1001-618x.2021.09.

003.

［39］钟宏，袁田.数据信托的制度价值与创新［J］.中国金融，2021（19）.

［40］阎娜，王伊龙等.美国健康保险流通与责任法案对临床研究的影响［J］.中国卒中杂志，2011，6（12）.

［41］黄浩.数字经济带来的就业挑战与应对措施［J］.人民论坛，2021（01）.

［42］高文书.数字经济的人力资本需求特征研究［J］.贵州社会科学，2021（03）.

［43］戚聿东，刘翠花，丁述磊.数字经济发展、就业结构优化与就业质量提升［J］.经济学动态，2020（11）.

［44］司志亮.数字经济就业情况分析［J］.信息通信技术与政策，2022（01）.

［45］袁纪辉.有关个人信息处理技术概念的厘清——匿名化、去标识化、假名化、去识别化之辨析［J］.保密工作，2021（05）.DOI：10.19407/j.cnki.cn11-2785/d.2021.05.025.

［46］欧阳日辉.数字经济时代新型信任体系的构建［J］.人民论坛，2021（19）.

［47］国家发展和改革委员会.大力推动我国数字经济健康发展［J］.宏观经济管理，2022（02）.DOI：10.19709/j.cnki.11-3199/f.2022.02.001.

［48］杜宁，杨祖艳.数据要素时代金融业的使命［J］.中国金融，2020（13）.

［49］韩洪灵，陈帅弟，刘杰，陈汉文.数据伦理、国家安全与海外上市：基于滴滴的案例研究［J］.财会月刊，2021（15）.

［50］杨铭鑫，王建冬，窦悦.数字经济背景下数据要素参与收入分配的制度进路研究［J］.电子政务，2022（02）.

［51］童楠楠，窦悦，刘钊因.中国特色数据要素产权制度体系构建研究［J］.电子政务，2022（02）.

［52］杜振华，茶洪旺.数据产权制度的现实考量［J］.重庆社会科学，2016（08）.

［53］李卫东.数据要素参与分配需要处理好哪些关键问题［J］.国家治理，2020（16）.

［54］魏鹏."双循环"新发展格局下商业银行面临的挑战、机遇与对策研究［J］.现代金融导刊，2021（05）.

［55］于施洋，王建冬，郭巧敏.我国构建数据新型要素市场体系面临的挑战与对策［J］.电子政务，2020（03）.DOI：10.16582/j.cnki.dzzw.2020.03.001.

［56］肖斐斐，向启.大数据时代，征信大有可为［J］.银行家，2015（12）.

［57］孙文娜，苏跃辉，刘晓燕.美国征信机构发展模式对中国的启示［J］.西南金融，2019（10）.

［58］DAMA International. DAMA数据管理知识体系指南［M］. 马欢，刘晨，译.北京：清华大学出版社，2014.

［59］马克思.资本论：第一卷［M］.北京：人民出版社，1975.

［60］亚当·斯密.国富论［M］.北京：华夏出版社，2005.

［61］中国信息通信研究院.2021年全球数字经济白皮书［R］. 北京：中国信息通信研究院，2021-08.

［62］IBM Security. 2021年数据泄露成本报告［R］.中国：IBM Security，2021.

［63］方闻千.数据安全：数字经济的基石［R］.北京：方正证券，2022.

［64］王卓，魏凯.数据脱敏技术发展趋势与行业应用研判［R］. 中国信息通信研究院CAICT，2020-02-26.

［65］中兴通讯，数据盟.GDPR执法案例精选白皮书［R］.北京：中兴通讯，数据盟，2019.

［66］中国工商银行金融科技研究院，华控清交信息科技（北京）有限公司.隐私计算推动金融业数据生态建设白皮书［R］.北京：工商银行，2021.

［67］中国信息通信研究院.云计算白皮书［R］.北京：中国信息通信研究院，2021.

［68］许荣聪，邹恒超，郑积沙等.全民征信时代开启，大数据推动创新［R］.深圳：招商证券，2016.中国互联网络信息中心.第

49次中国互联网络发展状况统计报告［R］.北京：中国互联网络信息中心，2022.

　［69］观研天下.2021年中国数字经济行业分析报告–市场深度研究与盈利前景预测［R］.北京：观研天下，2021.

　［70］国家计算机网络应急技术处理协调中心，中国网络空间安全协会.App违法违规收集个人信息监测分析报告［R］.北京：中国网信网，2021.

　［71］共青团中央维护青少年权益部，中国互联网络信息中心.2020年全国未成年人互联网使用情况研究报告［R］.北京：共青团中央维护青少年权益部、中国互联网络信息中心、中国青少年新媒体协会，2021.

　［72］梁婧，刘晨.我国数字经济发展对就业的影响与对策建议［R］.北京：中国银行研究院，2022.

　［73］艾瑞咨询.2021年中国IT服务人才供给报告［R］.上海：艾瑞咨询、软通动力，2021.

　［74］人力资源和社会保障部.新职业—大数据工程技术人员就业景气现状分析报告［R］.北京：人力资源和社会保障部，2020.

　［75］清华经管学院互联网发展与治理研究中心.中国经济的数字化转型：人才与就业［R］.北京：清华经管互联网发展与治理研究中心、领英，2017.

　［76］中国社会科学院生态文明研究所、中国商务区联盟、社

会科学文献出版社.《商务中心区蓝皮书：中国商务中心区发展报告No.7（2021）》：数据要素将助力CBD发展释放更大经济效应［R］.北京：中国社会科学院生态文明研究所、中国商务区联盟、社会科学文献出版社.2022.

［77］刘细良.低碳经济与人类社会发展［N］.光明日报，2009-06-02（10）.

［78］习近平：总体布局统筹各方创新发展　努力把我国建设成为网络强国［N］.人民日报，2014-02-28（01）.

［79］张旭东.数据金融：数据要素化的基础设施［N］.金融时报－中国金融新闻网，2020-09-28.

［80］侯万锋.用大数据提高社会治理智能化水平［N］.人民网－人民日报，2018-11-13.

［81］程啸.我国个人信息保护法中的目的限制原则［N］.人民法院报，2021-09-02（05）.

［82］杨婕：划重点!《个人信息保护法》的七大要义［N］.中新经纬，2021-08-23.

［83］王俏.个人信息保护法：构建以"告知－同意"为核心的处理规则［N］.人民法院报，2021-08-23.

［84］盘和林.从国家政策演进观数字经济精细化发展［N］.海南日报，2022-02-16.

［85］国胜铁.推动数字经济和实体经济深度融合［N］.光明日

报，2020-11-10.

［86］徐葳，杨祖艳.数据使用的负外部性及数据要素监管［N］.金融时报，2021-03-29（11）.

［87］张培培.区块链技术的五大应用场景［N］.学习时报，2019-11-06（A3）.

［88］曹雪盟.提升数字素养　共享数字成果［N］.人民日报，2021-11-01（12）.

［89］刘鹤.加快构建以国内大循环为主体、国内国际双循环相互促进的新发展格局［N］.人民日报，2020-11-25（6）.

［90］李禾.推进算力网络建设　让我国面对数据增量暴涨行有余力［N］.科技日报，2022-03-21（6）.

［91］申金升，刘萱.践行科技社团使命担当　推进我国科技伦理治理［N］.科技日报，2022-04-07（01）.

［92］袁炯贤，凌慧珊.超九成数据交易来自"场外"？专家为合规窘境破局建言献策［N］.南方都市报，2022（版次）.

［93］习近平带政治局集体学习领导干部要学懂用好大数据［EB/OL］.http：//news.cctv.com/2017/12/10/ARTI3HNR1LMiMiNZKmr1N-MD1171210.shtml，2017-12-10.

［94］闫德利.数据何以成为新的生产要素［EB/OL］.http：//www.ceppc.org.cn/fzdt/hyqy/2020-05-13/726.html，2020-05-13.

［95］高技术司.《"十四五"数字经济发展规划》解读｜

发挥数字经济特征优势　推动数字经济健康发展［EB/OL］. https：//www.ndrc.gov.cn/xxgk/jd/jd/202201/t20220121_1312591. html?code=&state=123，2022-01-21.

［96］高技术司.《"十四五"数字经济发展规划》解读｜数字经济将成为国家发展新征程的助推器［EB/OL］. https：//www.ndrc.gov. cn/xxgk/jd/jd/202201/t20220121_1312601.html?code=&state=123，2022-01-21.

［97］安筱鹏：数据要素创造价值有三个模式［EB/OL］. http：//finance.people.com.cn/n1/2020/0522/c1004-31720064.html，2020-05-22.

［98］中国网信网.《"十四五"国家信息化规划》专家谈：激发数据要素价值　赋能数字中国建设［EB/OL］. http：//www.cac.gov. cn/2022-01/21/c_1644368244622007.htm，2022-01-21.

［99］黄玲.中国电子：加快数据市场化流通助推城市数字化转型［EB/OL］. https：//m.thepaper.cn/baijiahao_13598393，2021-07-15.

［100］工业和信息化部.《工业和信息化领域数据安全管理办法（试行）》. https：//www.miit.gov.cn/jgsj/waj/wjfb/art/2022/art_a2799fcf32a74ec3881667a469d71e54.html，2022-02-10.

［101］工业和信息化部.2021年互联网和相关服务业运行情况［EB/OL］. https：//wap.miit.gov.cn/gxsj/tjfx/hlw/art/2022/art_b0299e5b207946f9b7206e752e727e66.html，2022-01-27.

［102］金文玮.金茂评论|迄今中国数据法体系中最优秀的一部法律——《个人信息保护法》解读［EB/OL］. https：//mp.weixin.qq.com/s/UkIEyYeB5FJODyXUwiCRwA，2021-08-27.

［103］海淀检察院.利用爬虫技术窃取2.1亿条简历数据 某科技公司被判罚4000万元［EB/OL］. https：//www.bj148.org/yck/zzdt/202202/t20220210_1628118.html，2022-02-10.

［104］丁晓东.关于个人信息保护法！专家解读来啦［EB/OL］. https：//m.thepaper.cn/baijiahao_14385683，2021-09-06.

［105］央广网.国家安全机关公布一起为境外刺探、非法提供高铁数据的重要案件［EB/OL］. https：//baijiahao.baidu.com/s?id=1730070492380490329&wfr=spider&for=pc，2022-04-14.

［106］北京市消协.北京市消协发布互联网消费大数据"杀熟"问题调查结果［EB/OL］. http：//www.bj315.org/xxyw/xfxw/202203/t20220301_32336.shtml，2022-03-01.

［107］新华网.姚期智院士全球首发数据定价算法及要素收益分配平台［EB/OL］.http：//www.news.cn/fortune/2021-12/15/c_1128166403.htm，2021-12-15.

［108］牛谷月.2021"数字"有温度——互联网携老年和残障群体共跨数字"鸿沟"［EB/OL］. https：//view.inews.qq.com/a/20211231A0CPAW00，2021-12-31.

［109］张子渊.壹现场|"女童保护"2021年性侵儿童案例

报告发布　男童遭侵害比例明显上升［EB/OL］. https：//baijia-hao.baidu.com/s？ id=1726193954312974123&wfr=spider&for=pc，2022-03-02.

［110］新华社. 中共中央关于坚持和完善中国特色社会主义制度　推进国家治理体系和治理能力现代化若干重大问题的决定［EB/OL］. http：//www.gov.cn/zhengce/2019-11-05/content_5449023.htm，2019-11-05.

［111］安全运营. 高性能、硬隔离、可通用：可信执行环境浅析及应用实践？. https：//www.secrss.com/articles/29730，2021-03-10.

［112］顾可可回来了. 从华为差分隐私技术看保护个体数据有多重要［EB/OL］. https：//baijiahao.baidu.com/s?id=1673448805183607576&wfr=spider&for=pc，2020-07-28.

［113］中华人民共和国农业农村部.农村土地经营权流转管理办法［EB/OL］.http：//www.gov.cn/zhengce/zhengceku/2021-02-04/content_5584785.htm，2021-01-26.

［114］高技术司. 国家发展改革委高技术司负责同志就实施"东数西算"工程答记者问［EB/OL］. https：//www.ndrc.gov.cn/xwdt/ztzl/dsxs/zjjd1/202202/t20220221_1316093.html？ code=&state=123，2022-02-21.

［115］中展信合. 贸促云展平台全面升级　助力中外企业数字化连接［EB/OL］. https：//www.chinatradenews.com.cn/content/202106/

23/c134798.html，2021-06-23.

［116］施杨.数字经济时代，如何助力企业数字化转型？｜商业观察［EB/OL］. https：//www.sohu.com/a/531558774_121190661，2022-03-22.

［117］傅一平.DAMA、DCMM等数据管理框架各个能力域的划分是否合理？有内在逻辑吗？［EB/OL］. https：//mp.weixin.qq.com/s/k9Ltjc9VFgkFUfft6cqu7Q，2021-12-27.

［118］CAICT互联网法律研究中心.十问十答看懂我国个人信息去标识化规则［EB/OL］. https：//www.secrss.com/articles/31527，2021-05-28.

［119］杨建媛，邬丹.数据脱敏：不同法域下匿名化、去标识化、假名化的含义一致吗？［EB/OL］.https：//www.pkulaw.com/lawfirmarticles/259556fe004ecc8252495a6a1e451c8abdfb.html，2021-04-09.

［120］金辉.邬贺铨：5G强化数据生产要素作用［EB/OL］. http：//www.jjckb.cn/2021-01/14/c_139667733.htm，2021-01-14.

［121］方禹.专家解读｜个人信息保护法解决广大人民群众最关心最直接最现实的利益问题［EB/OL］. http：//www.cac.gov.cn/2021-08-25/c_1631491549783065.htm，2021-08-25.

［122］周辉.专家解读｜个人信息保护法治的中国方案［EB/OL］. http：//www.cac.gov.cn/2021-08-30/c_1631913483561831.

htm，2021-08-30.

［123］中国网信网.提升全民数字素养与技能行动纲要［EB/OL］.http://www.cac.gov.cn/2021-11/05/c_1637708867754305.htm，2021-11-05.

［124］国务院."十四五"就业促进规划［EB/OL］.http://www.gov.cn/zhengce/content/2021-08/27/content_5633714.htm，2021-8-23.

［125］唐斯斯，赵文景.《"十四五"数字经济发展规划》解读｜着力推动公共服务数字化　促进数字经济发展红利全民共享［EB/OL］.https://www.ndrc.gov.cn/xxgk/jd/jd/202201/t20220121_1312588.html?code=&state=123，2022-01-21.

［126］中国宏观经济研究院.加快构建双循环新发展格局的9大着力点（上）［EB/OL］.https://www.ndrc.gov.cn/xxgk/jd/wsdwh-fz/202105/t20210507_1279327.html?code=&state=123，2021-05-07.

［127］杜宁，杨祖艳.释放数据要素潜能构建双循环新格局［EB/OL］.https://baijiahao.baidu.com/s?id=1676588712366142744&wfr=spider&for=pc，2020-09-01.

［128］离退局.【学"习"问答】"五位一体"谱华章（30）关于中国特色社会主义事业总体布局［EB/OL］.https://www.ndrc.gov.cn/fggz/fgjh/djzc/202203/t20220330_1321106.html?code=&state=123，2022-03-30.

［129］规划司."十四五"规划《纲要》解读文章之10|推动形成以国内大循环为主体、国内国际双循环相互促进的新发展格局［EB/OL］. https：//www.ndrc.gov.cn/fggz/fzzlgh/gjfzgh/202112/t20211225_1309698.html?code=&state=123，2021-12-25.

［130］白春礼.加强基础研究，从根子上掌握关键核心技术［EB/OL］. http：//m.caijing.com.cn/article/239312?target=blank，2021-11-27.

［131］张涌."东数西算"工程系列解读之三|"东数西算"助力中国数字经济均衡发展［EB/OL］. https：//www.ndrc.gov.cn/xxgk/jd/jd/202203/t20220317_1319465.html?code=&state=123，2022-03-10.

［132］中共中央办公厅　国务院办公厅.关于加强科技伦理治理的意见［EB/OL］. http：//www.most.gov.cn/xxgk/xinxifenlei/fdzdgknr/fgzc/gfxwj/gfxwj2022/202203/t20220321_179899.html，2022-03-20.

［133］欧阳剑环.加强科技伦理治理是保障金融科技向上向善的迫切需要［EB/OL］. https：//www.cs.com.cn/xwzx/hg/202204/t20220414_6260263.html，2022-04-14.

［134］程啸."数字经济中的民事权益保护"系列之一：现代社会中的数据权属问题［EB/OL］.https：//www.law.tsinghua.edu.cn/info/1036/13162.htm，2022-04-21.

［135］顾杰.数据滥用泄漏让上网近乎"裸奔"？政协委员：建

立数据安全预警和泄漏通报机制［EB/OL］. https：//www.shobserv-er.com/news/detail? id=418456，2021-10-27.

［136］顾亦明.怎样理解银行信贷风控模型可解释性的需求［EB/OL］.（2019-04-18）［2021-05-18］. http：//www.01caijing.com/finds/details/39217.htm.

［137］刘琪，杨洁.数据黑市交易大起底：专家估计市场规模超1500亿元"料商"称"一切需求皆可爬". 2022-01-20.证券日报.https：//www.163.com/dy/article/GU49NJT60550C0ON.html.

［138］Shen Y，Pearson S. Privacy enhancing technologies：A review. 2011.

［139］Zhu，Ligeng，and Song Han."Deep leakage from gradi-ents." Federated learning. Springer，Cham，2020.

［140］Yao，Andrew C. Protocols for Secure Computations［C］.Proceedings of the 23rd Annual Association for Computing Machinery Symposium on Theory of Computing，1982.

［141］Yao，Andrew C. How to Generate and Exchange Secrets［Z］.Proceedings of 27th IEEE Symposium on Foundations of Com-puter Science，1986.

［142］McMahan H. B.，Moore E.，Ramage D.，et al. Federated Learning of Deep Networks Using Model Averaging［J/OL］. arXiv preprint arXiv：1602.05629v1，2016.［2022-05-06］. https：//

arxiv.org/pdf/1602.05629v1.pdf.

［143］Bagdasaryan E., Veit A., Hua Y., et al. How to Back-door Federated Learning［C］. Proceedings of the 23rd International Conference on Artificial Intelligence and Statistics, 2020（108）: 2938-2948.

［144］Kairouz P., McMahan H. B., Avent B., et al. Advances and Open Problems in Federated Learning［J/OL］. arXiv preprint arXiv: 1912.04977v3, 2021.［2022-05-06］. https://arxiv.org/ pdf/1912.04977.pdf.

［145］Geiping, Jonas, et al. "Inverting Gradients—How easy is it to break privacy in federated learning?." arXiv preprint arXiv: 2003.14053（2020）.

［146］Lyu, Lingjuan, Han Yu, and Qiang Yang. "Threats to federated learning: A survey." arXiv preprint arXiv: 2003.02133（2020）.

［147］Zhao, Bo, Konda Reddy Mopuri, and Hakan Bilen. "idlg: Improved deep leakage from gradients." arXiv preprint arXiv: 2001.02610（2020）.

［148］Qiang Yang, Yang Liu, Tianjian Chen, Yongxin Tong. Federated Machine Learning: Concept and Applications［J］. ACM TIST, 2019, 10（2）.

［149］Khandaker，M.R.，Cheng，Y.，Wang，Z.，& Wei，T.COIN Attacks：On Insecurity of Enclave Untrusted Interfaces in SGX［C］.Proceedings of the 25th International Conference on Architectural Support for Programming Languages and Operating Systems，2020.

［150］Cui J.，Yu Z. J.，Shinde，S.，Saxena，P.，Cai Z. SmashEx：Smashing SGX Enclaves Using Exceptions［C］. Proceedings of the 2021 ACM SIGSAC Conference on Computer and Communications Security，2021.

［151］Chen，Y.，Zhang，Y.，Wang，Z.，Wei，T. Downgrade Attack on TrustZone［J/OL］. arXiv preprint arXiv：1707.05082v2，2017.［2022-05-06］. https：//arxiv.org/pdf/1707.05082.pdf.

［152］Shakevsky，A.，Ronen，E.，Wool，A. Trust Dies in Darkness：Shedding Light on Samsung's TrustZone Keymaster Design［C］. Proceedings of the 31st USENIX Security Symposium，2022.

［153］Shiffman，G.，Zarate，J.，Deshpande，N.，Yeluri，R.，Peiravi，P.（2020）.Federated Learning through Revolutionary Technology［R/OL］.［2022-05-06］https：//consilient.com/white-paper/federated-learning-through-revolutionary-technology/.

［154］Bogetoft，P. et al.（2009）. Secure Multiparty Computation Goes Live. In：Dingledine，R.，Golle，P.（eds）Financial

Cryptography and Data Security. FC 2009. Lecture Notes in Computer Science, vol 5628. Springer, Berlin, Heidelberg. https : //doi.org/10 .1007/978-3-642-03549-4_20.

［155］Schoeps J. Regulating AI in the banking space : A call to action［EB/OL］.（2019-07-10）［2021-05-18］. https : //www2. deloitte.com/us/en/pages/financial-services/articles/regulating-ai-in-the-banking-space.html.

［156］Beal J. Hype or Reality? The State of Artificial Intelligence and Machine Learning in the Insurance Industry［R/OL］（2019-12-01）［2021-05-18］. https : //risk.lexisnexis.com/-/media/ files/insurance/white-paper/state_of_ai_and_ml_in_the_insurance_ industry_white_paper_dec2019%20pdf.pdf.

［157］Parisi D., Goldman G. AI, Machine Learning & Big Data 2020|USA［R/OL］.［2021-05-18］. https : //www.globallega-linsights.com/practice-areas/ai-machine-learning-and-big-data-laws-and-regulations/usa.

［158］Redgate named as Representative Vendor in Gartner's latest Market Guide for Data Masking［J］. M2 Presswire，2019.

［159］Keeping Secrets : Anonymous Data Isn't Always Anonymous［EB/OL］.（2014-03-15）https : //ischoolonline.berkeley.edu/ blog/anonymous-data/.

［160］Dwork，C.Differential Privacy［C］.Proceedings of International Colloquium Automata，Languages，and Programming，2006.

［161］Abi Tyas Tunggal. The 63 Biggest Data Breaches［EB/OL］. https：//www.upguard.com/blog/biggest-data-breaches，2022-02-24.

［162］Missfresh Limited. An Initial Public Offering of American Depositary Shares，or ADSs，of Missfresh Limited［R］. America，SECURITIES AND EXCHANGE COMMISSION，2021.

［163］Hanung Nindito Prasetyo，Regina Nathania Djepapu，Ferra Arik Tridalestari，Irman Hariman.Development of Project Document Management System Based on Data Governance With DAMA International Framework［P］. Proceedings of the 2018 International Conference on Industrial Enterprise and System Engineering（IcoIESE 2018），2019.

［164］O'Hara K. Data Trusts：Ethics，Architecture and Governance for Trustworthy Data Stewardship. 2019.

［165］Verizon. 2019 Verizon Data Breach Investigations Report［R］. 2019-05-11.

［166］Verizon. 2020 Verizon Data Breach Investigations Report［R］. 2020-05-19.

［167］Verizon. 2021 Verizon Data Breach Investigations Report
［R］. 2022-01-18.

［168］Federal Reserve Bank of San Francisco. Privacy Enhanc-
ing Technologies：Categories, Use Cases, and Considerations［R］.
2021-06-01.

［169］ENISA. Data Pseudonymisation：Advanced Techniques &
Use Cases［R］. 2021-01.

［170］ENISA. Data Protection Engineering［R］. 2022-01.